U0585730

廉洁文化丛书

广东党的建设研究院重点研究成果

LIANJIE WENHUA JIANSHE GAILUN

廉洁文化建设概论

周建伟　陆寿年　著

SPM 南方传媒 | 广东人民出版社

·广州·

图书在版编目（CIP）数据

廉洁文化建设概论 / 周建伟，陆寿年著. —广州：广东人民出版社，2024.8
（廉洁文化丛书）
ISBN 978-7-218-17390-0

Ⅰ. ①廉…　Ⅱ. ①周…　②陆…　Ⅲ. ①廉政建设—研究—中国　Ⅳ. ①D630.9

中国国家版本馆 CIP 数据核字（2024）第 042561 号

LIANJIE WENHUA JIANSHE GAILUN
廉洁文化建设概论
周建伟　陆寿年　著

出 版 人：肖风华

出版统筹：卢雪华
策划编辑：曾玉寒
责任编辑：李宜励　伍茗欣
装帧设计：样本工作室
责任技编：吴彦斌

出版发行：广东人民出版社
地　　址：广州市越秀区大沙头四马路 10 号（邮政编码：510199）
电　　话：（020）85716809（总编室）
传　　真：（020）83289585
网　　址：http://www.gdpph.com
印　　刷：广州市豪威彩色印务有限公司
开　　本：787mm×1092mm　1/16
印　　张：16.5　　**字　　数**：260 千
版　　次：2024 年 8 月第 1 版
印　　次：2024 年 8 月第 1 次印刷
定　　价：66.00 元

如发现印装质量问题，影响阅读，请与出版社（020-85716849）**联系调换。**
售书热线：020-87716172

总　序

陈金龙

（教育部“长江学者”特聘教授，广东党的建设研究院院长）

廉洁是人类社会共同的美德，廉洁政治是国家和人民的期待，这不仅因为廉洁本身是美好的，更因为廉洁的反面——腐败是“政治之癌”，始终是威胁国家安定、影响人民获得感幸福感的毒瘤。习近平总书记指出：“一些国家因长期积累的矛盾导致民怨载道、社会动荡、政权垮台，其中贪污腐败就是一个很重要的原因。大量事实告诉我们，腐败问题越演越烈，最终必然会亡党亡国！我们要警醒啊！”

党的十八大以来，我们党开展了史无前例的反腐败斗争，以“得罪千百人，不负十四亿”的使命担当祛疴治乱，“打虎”“拍蝇”“猎狐”多管齐下，反腐败斗争取得压倒性胜利并全面巩固。反腐败斗争永远在路上。党的二十大报告指出，“党的建设特别是党风廉政建设和反腐败斗争面临不少顽固性、多发性问题”，仍然是我们前进道路上的主要挑战，并誓言“只要存在腐败问题产生的土壤和条件，反腐败斗争就一刻不能停，必须永远吹冲锋号”。

中华优秀传统文化凝聚着治国的智慧，如《道德经》提出了“治大国若烹小鲜”的教诲，意思是治理国家就像烹饪娇嫩的河鲜海鲜，必须小心谨慎掌握火候，多一分会过火，少一分则未熟；也不能翻来覆去，反复无常，让人无所适从。腐败治理是中国共产党政党治理的核心议题，关系党和国家的前途命运，也是治国理政中的“小鲜”。腐败现象是多种因素共同作用的结果，其中有权力监督缺失的问题，有党性缺失和世界观、人生观、价值观异化的问题，有不良党风政风和社会风气的问题，还有消极的历史传统文化的问题，等等。这意味着反腐败斗争的措施必须是全面的、系统的，多管齐下，综合发力，有恒心，有毅力。其中最难的，是净化腐败产生的土壤，也就是一些学者所谓的“腐败亚文化”问题。

常言说，心病还得心药治。遏制和去除“腐败亚文化”，净化社会土壤，就得像老子《道德经》中所说的“以道莅天下”，以习近平新时代中国特色社会主义思想为指导，按照客观规律办事。以文化润心，化解腐败产生的土壤，是反腐败斗争“道”之所在。反腐败斗争，要刚柔并济，既要有敢于斗争的大无畏精神和零容忍态度严惩腐败的“刚”，也要有善于斗争和用廉洁文化涵养社会土壤的“柔”，如此，才能烹好这锅“易糊易碎的小鲜”。

2021 年 7 月，中共中央宣传部、中央文明办、中央纪委机关、中共中央组织部、国家监委、教育部、全国妇联共同下发《关于进一步加强家庭家教家风建设的实施意见》；2022 年 2 月，中共中央办公厅印发《关于加强新时代廉洁文化建设的意见》。党的二十大强调，要“加强新时代廉洁文化建设”，推动严厉惩治、规范权力、教育引导紧密结合、协调联动。新时代廉洁文化既有“刚”的一面，更有“柔”的一面，是新征程上一体推进不敢腐、不能腐、不想腐的重要方略。

作风建设永远在路上，反腐败斗争永远在路上。廉洁文化建设是一个具有重要学术价值和实践属性的议题，期待这套丛书能够为新时代廉洁文化研究添砖加瓦，为新征程上的反腐败斗争实践提供助力。

广东党的建设研究院是经中共广东省委宣传部批准设立的重点智库，成立于2017年，依托华南师范大学马克思主义学院。广东党的建设研究院成立以来，承担了多个党建类研究课题，出版了多部党建主题学术专著，公开发表相关学术论文上百篇，但围绕一个特定的党的建设研究主题组织撰写丛书，从不同角度、多个层面全方位阐释，还是第一次。这是一个新的尝试和好的开端，期待华南师范大学马克思主义学院、广东党的建设研究院有更多的围绕特定主题的成果集中出版。

与此同时，感谢广东人民出版社时政读物出版中心的大力支持与帮助。华南师范大学马克思主义学院同广东人民出版社有多年合作的愉快经历，广东人民出版社欣赏华南师范大学马克思主义学院教师们的学术能力，我们也赞赏广东人民出版社的敬业、专业和对学术研究者的理解、包容。这套丛书从策划选题、组织写作到文字润色、成书出版，广东人民出版社的各位编辑耗费了大量的精力，在此一并致谢！

是为序。

Contents

第一章

新时代廉洁文化建设的理论基础

廉洁是人类社会美好价值之一。如果说腐败始终与公共权力相伴随行，那么，对廉洁的要求和期待也与公共权力相伴随行。虽然不同的国家和民族、不同的社会形态对廉洁的认识有所差异，但崇廉、尚廉的要求始终不变，希望廉洁成为社会政治基本遵循的诉求始终不变，成为全社会共同接受的道德文化和生活方式的期待始终不变。

一、廉洁文化的属性与特征

中华廉洁文化源远流长、丰富多彩，上古时代皋陶就提出了“九德”，其中之一即为“简而廉”。人们对“廉洁”一词耳熟能详，廉洁的内涵似乎一望便知。不过，细究起来，“廉洁”一词其实并非那么简单易懂，再加上本来就复杂的“文化”一词构成“廉洁文化”，其内涵也就更加复杂，需要分析和厘清。

（一）廉洁文化的内涵和属性

何谓廉洁？《现代汉语词典》给出了简明的解释：不损公肥私；不贪污。[①] 具体来讲，廉就是清廉，洁就是洁白，“廉洁”通俗地讲就是不贪不占、清廉洁白，就是能够坚守正道，抵抗各种诱惑，克制不正当的欲望，保持方正、俭朴的积极状态。正如古人所言：“临大利而不易其义，可谓廉矣。廉，故不以富贵而忘其辱。”[②]

“文化乃是人类创造的不同形态的特质所构成的复合体。”[③] 文化是人类的创造物，包括物质文化和精神文化两个方面，但也有学者将制度、行为从精神文化中单列出来作为文化单独的组成部分，称之为制度文化、行为文化。由此，文化包括物质文化、精神文化、制度文化、行为文化四个方面。将文化细分为四个方面，为分析廉洁文化提

① 《现代汉语词典》第七版，商务印书馆2016年版，第811页。

② 《吕氏春秋·仲冬纪》。

③ 司马云杰：《文化社会学》，中国社会科学出版社2007年版，第9页。

供了重要的启发和指引。从内容上讲，廉洁文化是有关廉洁的物质文化、精神文化、制度文化、行为文化的总称。

文化的内核是价值观，价值观的基本功能是为社会生活提供意义解释，这也是文化最为重要的功能。廉洁文化是廉洁与文化两个词相结合而成，从字义理解，廉洁文化就是以廉洁为核心价值的文化形态；具体来讲，廉洁文化“是关于廉洁的理念、习惯、思维方式、制度以及与之相对应的生活方式、行为规范的总和”①。

链 接

汉字“廉”的丰富内涵

汉字是中华文化的重要载体，生动体现中华文化的精髓。考察“廉”字的古义，可以窥见中华传统文化中特色鲜明的廉洁思想、廉洁文化。

根据东汉许慎《说文解字》，“廉”为形声字，“广”为形符，“兼”为声符，即“从广，兼声”。清代学者朱骏声认为，“堂之侧边曰廉，故从广”。古汉语中，“廉”的本义是指堂屋的侧边。“堂之侧边”的特点是平直、方正、狭窄、有棱角，这是“廉”的基本含义。从这个基本含义出发，“廉”字有很多引申义。

《汉语大辞典》有关“廉”的释义达18项之多，其中同道德和政治直接相关的主要有：(1) 不贪墨、清正廉洁。《孟子》云：“虽然，仲子恶能廉?”《广雅》云：“廉，清也。”(2) 不苟取。《孟子》云：“可以取，可以无取，取伤廉。” (3) 节俭、节省。《淮南子》云：“不以奢为乐，不以廉为悲。”(4) 正直。《屈原列传》形容屈原“其

① 张国臣等：《社会主义廉洁文化建设论》，人民出版社2011年版，第83-84页。

行廉，故死而不容”。(5) 明察。《管子》云：“过在下，人君不廉而变，则暴人不胜，邪乱不止。”(6) 清高自洁。屈原《卜居》云：“谁知吾之廉贞?”(7) 收敛、自约、自俭。《释名·释言语》云：“廉，敛也，自检敛也。”

（资料来源：麻承照，《廉政文化概论》，中国方正出版社 2014 年版，第 3-7 页）

我们可从五个方面来认识新时代廉洁文化的本质属性。

其一，从本质属性来讲，新时代廉洁文化属于社会主义先进文化范畴，是社会主义先进文化的一种具体形态。社会主义先进文化是在中国共产党领导人民推进中国特色社会主义伟大实践中，以马克思主义为指导，以培育“四有”（有理想、有道德、有文化、有纪律）公民为目标，以社会主义核心价值观为内核，面向现代化、面向世界、面向未来的，民族的科学的大众的社会主义文化，代表着时代进步的趋势和要求。从本质属性看，新时代廉洁文化是代表文化发展方向的社会主义先进文化，社会主义先进文化的内核和特征，也是新时代廉洁文化的内核和特征。

其二，从文化和经济、政治的关系来讲，新时代廉洁文化建基于中国特色社会主义的经济基础和政治基础，对中国特色社会主义经济和政治建设具有重要的推动作用。马克思主义强调经济、政治对文化具有决定作用，文化的属性要从经济和政治去分析，“每一历史时代主要的经济生产方式和交换方式以及必然由此产生的社会结构，是该时代政治的和精神的历史所赖以确立的基础，并且只有从这一基础出发，这一历史才能得到说明”①。毛泽东强调，“一定的文化（当作观

① 马克思、恩格斯：《共产党宣言》，人民出版社 2018 年版，第 12 页。

念形态的文化）是一定社会的政治和经济的反映，又给予伟大影响和作用于一定社会的政治和经济”，“一定形态的政治和经济是首先决定那一定形态的文化的；然后，那一定形态的文化又才给予影响和作用于一定形态的政治和经济”。[①] 新时代廉洁文化是建基于中国特色社会主义经济制度、政治制度及其发展实践基础之上，与中国特色社会主义经济发展、政治发展要求相适应，对中国特色社会主义经济和政治建设具有积极作用的文化。

其三，从政治社会系统的角度来讲，新时代廉洁文化是一种人人以廉为荣、以贪为耻、风清气正的政治生态、社会生态。所谓政治生态，就是“政治系统中的诸要素在运行和互动中所形成和显示出来的整体状态”[②]。政治系统各要素功能发挥正常，要素之间处于和谐共生、相互促进状态，就是优良政治生态，反之，则是劣质政治生态。社会生态和政治生态类似，是社会系统诸要素运行中所形成和显示出来的整体状态，也有优良社会生态和劣质社会生态的分别。廉洁文化就是优良政治生态、社会生态的直接体现。从政治生态、社会生态的角度分析廉洁文化的属性，能够拓展和深化我们对廉洁文化内容和目的的认识，即是说，廉洁文化不是单一的、单面的，而是多维的、系统的。正如习近平总书记所强调的：“要弘扬社会主义核心价值观，弘扬和践行忠诚老实、公道正派、实事求是、清正廉洁等价值观，以良好政治文化涵养风清气正的政治生态。”[③]

其四，从文化与生活的关系来讲，廉洁文化是一种以廉洁为道德

① 《毛泽东选集》第2卷，人民出版社1991年版，第663-664、664页。

② 夏美武：《当代中国政治生态建设研究：基于结构功能分析视角》，中国社会科学出版社2014年版，第5页。

③ 《习近平著作选读》第2卷，人民出版社2023年版，第185页。

理想、道德准绳的有意义的生活方式。梁漱溟先生认为，文化“不过是那一民族生活的样法罢了”①。从生活方式的角度理解文化是一个富有启发的视角，对理解廉洁文化尤具价值。廉洁文化就是一种以廉洁为核心价值的生活方式，这一生活方式的主体既包括执掌公权力的党员、干部，也包括广大社会公众。作为核心价值的廉洁为社会生活赋予了意义，引导党员、干部和普通社会公众追求合理的、有意义的生活。从生活方式的角度看待廉洁文化，意味着廉洁文化要从生活方式着手，要体现在行为上，廉洁文化建设要脚踏实地；也意味着廉洁文化一旦形成，就具有长远的意义和效益。

其五，从文化本身来讲，廉洁文化是社会主流文化，与作为亚文化的贪腐文化对立和斗争。亚文化是特定少数群体持有的、与主流或主导文化相对立或对抗的边缘性文化形态。不同国家、不同民族对廉洁的理解可能有所不同，但廉洁文化都是社会主流文化，与之相对的是边缘性的亚文化——贪腐文化。贪腐是偏离主流社会规则的越轨行为，也可能成为部分人的价值观念和生活方式，形成腐败亚文化。廉洁文化是在同贪腐和贪腐文化的斗争中形成的，廉洁文化建设的基本任务，就是有效遏制和消除贪腐文化及其影响，决不能让贪腐文化成为社会主流文化。

（二）新时代廉洁文化的特征

廉洁文化是共性和个性的结合。人类社会无不倡导廉洁，廉洁是人类社会的共同价值，具有人类社会文化特别是廉洁文化的共性特征，同时，新时代廉洁文化作为社会主义先进文化，具有自己的鲜明个性特征。下文在廉洁文化共性特征的基础上，重点分析我国新时代廉洁

① 梁漱溟：《东西文化及其哲学》，商务印书馆2005年版，第32页。

文化的鲜明特征：

一是先进性和纯洁性的统一。廉洁是人类社会先进的价值理念，新时代廉洁文化是我国社会主义先进文化重要组成部分，先进性、纯洁性是新时代廉洁文化第一位的特征。新时代廉洁文化以马克思主义为指导，是中国共产党领导的文化建设的重要组成部分，也是中国共产党思想建设的重要组成部分。马克思主义是科学的、先进的思想理论，“马克思主义是科学的理论，创造性地揭示了人类社会发展规律”，“马克思主义是人民的理论，第一次创立了人民实现自身解放的思想体系”。[①] 马克思主义政党具有鲜明的先锋队性质，始终强调自身的先进性和纯洁性，“在理论方面，他们胜过其余无产阶级群众的地方在于他们了解无产阶级运动的条件、进程和一般结果”[②]，强调信仰纯洁、思想纯洁、组织纯洁、道德纯洁，“做人做事第一位的是崇德修身”[③]。先进性、纯洁性贯穿新时代廉洁文化，是其存在的根本价值和基本依据所在。

二是主导性和引领性的统一。这是对新时代廉洁文化在文化建设中的地位而言的。新时代廉洁文化是中国共产党倡导的社会主义先进文化，是我国社会的主流文化，在我国文化体系中具有主导和统摄的地位。它贯穿在其他各种文化形态中，具有指导、引领其他各种文化形态的权力和责任，其他各种文化形态不能同廉洁文化的要求相悖。比如，以影视为代表的现代娱乐文化必须遵循廉洁价值观和廉洁文化的要求，不得颂扬贪腐理念和贪腐行为，不得倡导和传播腐败的生活

---

① 习近平：《在纪念马克思诞辰200周年大会上的讲话》，《十九大以来重要文献选编》（上），中央文献出版社2019年版，第424、525页。

② 《马克思恩格斯选集》第1卷，人民出版社2012年版，第413页。

③ 《十八大以来重要文献选编》（中），中央文献出版社2016年版，第7页。

方式。

三是广泛性和重点性的统一。这是对新时代廉洁文化的主体和对象而言的。廉洁文化的主体和对象是全体社会成员，每一个社会成员都应当树立廉洁理念，以廉洁的生活方式为荣，没有例外；廉洁文化要具有最广泛的社会基础，培育坚实的社会土壤，这就是廉洁文化主体的广泛性所在。廉洁文化的主体和对象也是有重点的，重点就是掌握公权力和巨大利益的社会群体，如干部群体、企业高级管理人员等，特别是掌握公权力的党员、干部，是廉洁文化建设的“关键少数”。正如习近平总书记所强调的：“清正廉洁，党的干部必须敬畏权力、管好权力、慎用权力，守住自己的政治生命，保持拒腐蚀、永不沾的政治本色。”①

链　接

从廉政文化到廉洁文化

2009年底，中央纪委、中央宣传部、监察部等六部门曾联合发布《关于加强廉政文化建设的意见》。2022年初，中共中央办公厅印发了《关于加强新时代廉洁文化建设的意见》。对比前后两个《意见》，题目从“廉政文化”变为“廉洁文化”，一字之变，彰显了我们党对党风廉政建设和反腐败斗争认识和实践的深刻变化，表明了党中央正风肃纪、崇廉拒腐的坚定决心。

对比两个《意见》，2022年《意见》最直观的变化体现在名称上，从“廉政文化”到“廉洁文化”，关注更加全面，意蕴更为深厚。

一方面，“廉洁”涵盖的范围更广泛。廉政，即廉洁从政，关注

① 《习近平著作选读》第1卷，人民出版社2023年版，第131页。

重点是公共权力机构的人员，强调应该清廉不贪、勤政不迂。廉洁，即清廉、清白，不但关注党员干部和公职人员，还关注包括企业员工的廉洁守职、社会大众的家风家教等在内的整个社会环境和社会风气的改造。

另一方面，“廉洁”指向的内涵更深刻。“廉洁”的“廉”字包含了廉政，而“洁”字进一步强调思想的纯洁。中国共产党人的“廉洁文化”体现了党的先进性和纯洁性，蕴含着对党员信仰信念的更高要求，这也是拒腐防变的根本。习近平总书记指出：“思想纯洁是马克思主义政党保持纯洁性的根本，道德高尚是领导干部做到清正廉洁的基础。”2022 年《意见》强调：“坚定信仰信念信心，筑牢拒腐防变思想防线。”要站在信仰信念的高度去理解共产党人的廉洁精神，推进全面从严治党向纵深发展。

（资料来源：《领悟从“廉政文化”到“廉洁文化”的转变》，《学习时报》2022 年 5 月 13 日）

四是继承性和时代性的统一。这是对新时代廉洁文化的来源和发展而言的。新时代廉洁文化不是凭空生长出来的，它有马克思主义作为指导思想，有中国共产党的革命文化和中华优秀传统文化作为思想来源和精神滋养，在一定程度上吸收了人类社会文明成果，建基于新时代的伟大实践，具有继承性，也有发展性，有鲜明的时代特征。看待新时代廉洁文化，要将历史性和时代性结合起来，既不能隔断历史只看现在，也不能只看历史不看时代。

五是政治性和生活性的统一。这是对新时代廉洁文化的基本指向而言的。新时代廉洁文化建设是党风廉政建设和反腐败斗争的重要内容，是一体推进不敢腐、不能腐、不想腐的重要途径，是建设优良政治文化、净化政治生态的重要策略，是解决中国共产党大党独有难题如“如何始终保持风清气正的政治生态”难题的重要手段，具有鲜明的政治性。[①] 同时，廉洁文化是一种生活方式，廉洁文化必须大众化、生活化，培育廉洁的社会土壤，才能更有效发挥作用。

二、廉洁文化的结构与功能

文化有特定要素构成的结构，每一个要素发挥着特定的功能，要素、结构和功能的结合，构成了特色鲜明的文化形态。结构-功能是分析事物的重要视角，从结构-功能角度分析廉洁文化，能够进一步深化对新时代廉洁文化的认识。

（一）廉洁文化的结构

廉洁文化由底层、中层和表层三个层面构成。[②]

文化的底层是精神内核，包括价值、意识等，廉洁文化的底层是廉洁价值观、廉洁意识等。廉洁文化的底层是其内核所在，在廉洁文化中居于核心地位，决定着廉洁文化的中层和表层要素。一般来说，所有国家和民族都认同廉洁，但不同文化的国家、民族对廉洁的认知和界定存在差异，核心的差异就在廉洁文化的底层，也就是廉洁价值

---

① 习近平总书记强调，中国共产党面临的大党独有难题主要有六个：如何始终不忘初心、牢记使命，如何始终统一思想、统一意志、统一行动，如何始终具备强大的执政能力和领导水平，如何始终保持干事创业精神状态，如何始终能够及时发现和解决自身存在的问题，如何始终保持风清气正的政治生态。

② 也可以从横向对廉洁文化进行划分，如张国臣等将廉洁文化划分为廉洁从政文化、廉洁从业文化、廉洁修身文化、廉洁家庭文化、廉洁精神文化、廉洁制度文化、廉洁行为文化、廉洁环境文化。参见张国臣等：《社会主义廉洁文化建设论》，人民出版社 2011 年版。

观、廉洁意识存在具体差异。在一个特定的政治体系中，廉洁文化的底层即精神内核是相对稳定的。

链　接

中国文化中的“正心”

徐复观在《心的文化》一文中提出，中国文化最基本的特性，可以说是“心的文化”，人生价值的根源在“心”，这是中华文化区别于其他民族文化独有的特性。他特别引用王阳明的诗来说明“心”的意义：人人自有定盘针，万化根源总在心。却笑从前颠倒见，枝枝叶叶外头寻。①

《大学》云：“古之欲明明德于天下者，先治其国；欲治其国者，先齐其家；欲齐其家者，先修其身；欲修其身者，先正其心；欲正其心者，先诚其意；欲诚其意者，先致其知；致知在格物。”这就是大家耳熟能详的“修齐治平”，其实，研究中国文化的学者几乎都公认，“心”才是这段话的核心。

究竟什么是中国文化中的“心”？学者认为，中国文化中的“心”有三层含义：一是觉知，即觉悟和认知；二是主宰，“心”主宰着“身”以及其他一切事物；三是道德，即人们常说的“良心”，“心”具有道德判断力，能够指导和判断人的行为，对人的行为负道德责任。《孟子》有云：“存其心，养其性，所以事天也。殀寿不贰，修身以俟之，所以立命也。”

但“人心”是不安定的。《尚书·大禹谟》云：“人心惟危，道心

① 参见李维武编：《徐复观文集第一卷：文化与人生》，湖北人民出版社 2002 年版，第 31-40 页。

惟微”，即是说，人心高而险，道心幽而妙。结论是：我们必须以道心即良知、良能统驭人心，不断修身养性，以心入道，否则，任由欲望发展，腐败随之而来，人心就会崩坏。

明代大儒王阳明云：“圣人之学，心学也。”今天，我们对“心”有了新的理解，但心学仍然具有重要的时代价值，“正心”仍然是党员干部的重要工作。习近平总书记说：“我常说要修炼共产党人的‘心学’，坚持学思用贯通、知信行统一，其中一个重要目的就是要求党员干部坚定理想信念、增强党性”，“坚定理想信念是终身课题，需要常修常炼，要信一辈子、守一辈子，三心二意、半途而废甚至背叛初衷肯定会出大问题”。[1]

文化的中层是规则制度，廉洁文化的中层就是与廉洁相关的法律法规、党内法规、道德规范等，也可称为廉洁制度文化。廉洁制度具体规定了哪些行为是正当的、合理的、能够做的，应当怎样做；哪些行为是不正当、不合理、不能做的，一旦有这样的行为会出现或承担什么样的后果。廉洁制度是廉洁价值的具体化，直接体现廉洁文化的内容和要求，是廉洁价值的制度化和制度保障。

文化的表层是器物，廉洁文化的表层是廉洁的有关机构、设施等事物。检察院、法院、纪委监委的工作制服、办公楼、牌匾等机构、设施是器物性的，但也具有符号象征意义，是廉洁价值观、廉洁制度可视化的象征符号，让廉洁文化得以具象化。这也就是器物的文化意义所在。

三个层面相互联系、相互支撑，共同形成了廉洁文化的整体。每一个层面的要素具有不同的地位，发挥着不同的作用，从表面看，器

① 习近平：《努力成为可堪大用能担重任的栋梁之才》，《求是》2022 年第 3 期。

物层面的作用是最直观、最明显的，但从深层次看，起根本性作用的还是精神内涵和制度规则。

（二）廉洁文化的功能

从结构-功能的视角出发，从底层、中层、表层三个层面，我们可以更为清晰简明地认识廉洁文化的功能。

第一，从精神内核出发，廉洁文化具有教育涵养、培育优化、批判净化等重要功能。

文化的本义是教化，文化的根本目的在“化人”，文化天然地具有教化、濡化功能。作为一种特定的文化类型，教育涵养自然是廉洁文化的基本功能。廉洁文化能够润物无声地对党员、干部、群众进行教育和启迪，用先进的文化、先进的理念、先进的思想熏陶、鼓舞、激励全体社会成员，涵养其思想和心灵，塑造其符合社会主义核心价值观要求的思想和行为方式。

廉洁文化的培育优化功能既体现在对党员、干部、群众的思想教育和素质培养上，更体现在对社会环境和土壤的培植、净化、优化上。对党员、干部、群众个体而言，廉洁文化作用于个体的思想行为和生活方式，培养干净干事、向上向善的道德情操和行为规范，不断增强人们辨别真善美、假丑恶的能力，提高人的思想境界，净化人的心灵。同时，廉洁文化能够营造人人崇尚廉洁、个个羞于腐败的政治生态和社会环境，营造良好的社会风气，培育廉洁的社会土壤特别是文化土壤。

廉洁文化的批判净化功能直接体现在对腐败亚文化的批判和遏制上，体现在对社会文化土壤的净化和对不良社会心理的矫正上。廉洁文化具有全面深刻的批判功能，它与腐败亚文化以及一切腐败现象水火不容，从价值观、道德观、理论基础、社会危害等各个层面对腐败亚文化进行批判，以达到净化社会土壤和个体心灵、矫正不良社会风气和不良社会心理的目的。

第二，从制度规则出发，廉洁文化具有预期指引、评价约束、团结整合等功能。

预期指引功能是道德规范和法规制度最为基本、最为重要的功能，社会道德是廉洁文化的基础性内容，法律制度、党内法规是廉洁文化的重要组成部分，因此，廉洁文化具有重要的预期指引功能。对廉洁文化来讲，所谓预期，就是行为者对贪腐后果的确定性判断，即受到道德谴责和法律法规、党内法规的制裁；所谓指引，就是在预期的基础上，指引党员、干部、群众按照廉洁文化的要求思考和行事，最终达到“日用而不觉”的效果。

评价约束是指廉洁文化对党员、干部、群众思想观念和行为的道德评价、法律评价、社会评价，在评价基础上，廉洁文化对党员、干部、群众的思想观念和行为实践形成预期、规范和约束，指引党员、干部、群众按照廉洁文化的要求思考和行动。

团结整合是指廉洁文化具有将社会团结在党和政府周围，整合党组织和社会的功能和价值，这是因为廉洁是广大党员、人民群众所追求和期待的，廉洁文化是一种积极向善的力量，天然地具有吸引力和向心力，廉洁制度具有强烈的指引、约束和惩处作用，是社会重要的“黏合剂”。

第三，从器物层面出发，廉洁文化具有震慑、惩处、矫正等功能。

廉洁文化中具有符号象征意义的器物，如检察院、法院、纪委监委的办公楼、工作制服、牌匾、武器等，是国家权力和暴力的象征，具有重要的震慑作用，能够形成心理上的强大震慑。例如，我们经常看到，在国家机器面前，曾经嚣张无比的腐败分子惊恐不已，最终低头认罪、发出忏悔。与震慑功能相应的是惩处功能，震慑很大程度来自惩处，没有国家机器带来的严厉处罚，震慑就没有基础。廉洁文化中的法院、监狱以及检察官、法官、警察等，能够让腐败分子得到实实在在的惩罚，这既是廉洁制度的直观表现，也是廉洁文化的重要组成部分。此外，监狱等器物因素不仅惩罚腐败分子，也发挥着改造腐败分子的矫正功能。

链　接

腐败分子在忏悔啥？

忏悔录是腐败官员落马后向纪检监察机关的交代，目的是自悔自新，警示他人，具有深刻的警示和教育意义，是廉洁文化的组成部分。近年来，中央纪委开始披露落马官员的忏悔录，引发了强烈的社会反响。

翻看落马官员的忏悔录，许多人在痛定思痛时总会回望，检视自己的初心，而他们也正是因为忘却了初心，没能时刻自重自省，最后走向违纪违法的深渊。

“我出生在苏北农村，父母都是农民，一家人生活得很拮据。”海南省委军民融合发展委员会办公室原副主任裴成敏回忆说，“1975 年，在海南工作的伯父回苏探亲，提出要带我到海南读书。我还能清楚记得，去海南的前一天晚上，父亲将我叫到身旁，千叮咛万嘱咐，让我常怀感恩、刻苦读书，今后做一个对社会有用的人……”

浙江省湖州市政协原主席吴水霖在忏悔录中说：“我是一个受党教育几十年的老党员、老干部，曾对党充满着无限的感情和依恋。”但此后，吴水霖逐渐忘却初心，只喜欢听好话，人飘飘然起来，放松了学习、放松了改造，迷途不返，犯下严重错误。

“19 岁那年，我光荣地加入了中国共产党，在入党志愿书中，写下了为党的事业奋斗终身的誓言。”浙江省嘉兴市委原常委、原副市长徐淼也曾默默奋斗在激烈严酷的隐蔽战线，但随着职务的升迁，开始“羡慕、向往一掷千金、开豪车、住豪宅的奢华生活”，世界观、人生观、价值观随之发生变化，失去了为党奉献、为民谋利的初心，贪念和私欲膨胀，被各种诱惑腐蚀。

“悔不该忘了共产党人的初心、本心，忘了入党时举起右手，向党作出的庄严承诺。”西藏自治区原工商局党委书记、副局长赵世军在忏悔录里痛悔不已，在腐化变质前，他也曾有理想有抱负有作为，作为自治区首届劳动模范、全国优秀建筑企业家，他具有耀眼的“政绩光环”。然而，他逐渐忘记初心，不辨是非，为人情和欲望所累，肆意利用手中的权力谋取非法利益。

初心易得，始终难守。曾经的初心并不意味着如今的信念坚定，昨日的成绩也并不代表对党始终忠诚。北京市门头沟区龙泉镇原党委书记索宝柱在忏悔录里感慨道：“多少有过辉煌成就的人，却没有辉煌到最后。多少有过骄人战绩的人，却没有战斗到最后，因为倒在了‘贪’字的脚下。”

（资料来源：《严守纪法规矩，筑牢廉洁防线：从忏悔录看严重违纪违法党员干部典型案例带来的警示》，《中国纪检监察报》2022 年 3 月 2 日）

三、新时代廉洁文化建设体系和意义

简要分析廉洁文化后，我们进入本书的主题——廉洁文化建设。顾名思义，廉洁文化建设，就是采取各种适合时代要求和特点的方法和手段，推动廉洁文化各个要素、各个方面不断向前发展，涵养风清气正的政治生态和积极向善的社会生态，建设廉洁政治、廉洁社会，在一体推进不敢腐、不能腐、不想腐的基础上，实现“不想腐”这一根本性目标，推动廉洁成为“日用而不觉”的生活方式。

（一）廉洁文化建设体系

廉洁文化建设有广义和狭义之分。广义的廉洁文化建设，是廉洁文化所有构成要素的建设，包括廉洁文化的主体和客体建设、廉洁文化的内容建设、廉洁教育和廉洁文化资源开发等。狭义的廉洁文化建设，主要是廉洁文化的内容建设。

其一，廉洁文化的主体和客体建设。廉洁文化建设的主体是指具有开展廉洁文化建设的权利的组织和个人，廉洁文化建设的客体是指要接受廉洁文化教育、规范，遵守廉洁规范的组织和个人。简单来说，所有政治、社会、经济组织，所有党员、干部和社会公众，都是廉洁文化建设的主体，也是廉洁文化建设的客体，因为所有组织和个人都有参与廉洁文化建设的权利，所有组织和个人都要接受廉洁文化的教育和约束，树立廉洁意识，按照廉洁规范行事。可以看出，廉洁文化建设的主体和客体其实具有同一性，所有的组织和个人既是廉洁文化建设的主体，也是廉洁文化建设的客体。廉洁文化主体建设，就是不断提高主体的传播廉洁文化、践行廉洁文化的意识和能力；廉洁文化客体建设，就是有效发挥廉洁文化的教育、涵养、预期、约束等功能，不断提升客体的廉洁意识和践行廉洁价值观的能力，形成廉洁的思想意识和生活方式。

不同的主体和客体，在廉洁文化建设中的地位和作用有所不同，要特别关注那些在廉洁文化建设中居于重要地位的组织和个人。比如，纪检监察机关既有廉洁文化中器物层面的文化要素，也有制度层面的文化要素，在廉洁文化建设中担负着统筹指挥的重要职能，是廉洁文化建设中的特殊主体，同时，纪检监察机关也是特殊的廉洁文化建设客体，打铁要先自身硬，推动建设一支忠诚干净担当的纪检监察队伍，严防“灯下黑”，是廉洁文化建设的重要目标。又如，党员干部群体也是廉洁文化建设的特殊主体和关键客体。党的二十大报告论述廉洁文化建设时重点强调的就是党员干部，“深化标本兼治，推进反腐败国家立法，加强新时代廉洁文化建设，教育引导广大党员、干部增强不想腐的自觉，清清白白做人、干干净净做事，使严厉惩治、规范权力、教育引导紧密结合、协调联动，不断取得更多制度性成果和更大治理效能”①。党员干部作为“关键少数”，担负着传播和践行廉洁文化的重任，又是廉洁文化要教育、规范和约束的最重要客体。

其二，廉洁文化的内容建设。内容建设是廉洁文化的核心所在，廉洁文化的主体建设、客体建设都依赖于内容建设。廉洁文化的内容建设包括理想信念建设、党内政治文化和政治生态建设、社会主义核心价值观学习教育、道德情操建设、制度法规建设、社会风尚建设、家庭家教家风建设、硬件设施建设等各个方面。

一是理想信念建设。理想信念是党员干部思想的“总开关”，在廉洁文化建设中具有基础性的地位和作用。理想信念建设主要是加强马克思主义理论的学习，树立共产主义远大理想和中国特色社会主义共同理想，让我们党倡导的理想信念、价值理念、优良传统深入党员、干部思想和心灵，转化为廉洁自律的内在动力。当前，要重点抓好习近平新时代中国特色社会主义思想的学习贯彻，特别是习近平总书记关于党的建设的重要思想，学懂弄通做实“十三个坚持”，引导党员、干部筑牢信仰之基、补足精神之钙、把稳思想

① 《习近平著作选读》第1卷，人民出版社2023年版，第57页。

之舵。

二是党内政治文化和政治生态建设。党内政治文化、政治生态是廉洁文化的重要内容，也是廉洁文化的重要基础，主要是针对党组织和党员干部而言的。建设积极健康的党内政治文化和风清气正的党内政治生态，是廉洁文化建设的重要内容和目标。党内政治文化和政治生态建设的内容主要是：教育引导广大党员严格遵守党章，严格执行新形势下党内政治生活准则，坚持严以修身、严以用权、严以律己，谋事要实、创业要实、做人要实，讲修养、讲道德、讲廉耻，养成共产党人的高风亮节；教育引导广大党员干部践行廉洁自律准则，坚持公私分明、崇廉拒腐、尚俭戒奢、甘于奉献，正确处理公和私、义和利、是和非、正和邪、苦和乐的关系，做到廉洁从政、廉洁用权；教育引导广大党员干部严守政治纪律和政治规矩，形成清清爽爽的同志关系、规规矩矩的上下级关系、干干净净的政商关系；教育引导广大党员干部自觉抵制庸俗腐朽思想，抵制封建迷信思想，抵制商品交换原则对党内生活的侵蚀，反对拜金主义、享乐主义、唯利是图、损公肥私，不断消除腐败滋生的土壤。

三是社会主义核心价值观学习教育。习近平总书记细致回顾了社会主义核心价值观的提出过程和重大意义："在当代中国，我们的民族、我们的国家应该坚守什么样的核心价值观？这个问题，是一个理论问题，也是一个实践问题。经过反复征求意见，综合各方面认识，我们提出要倡导富强、民主、文明、和谐，倡导自由、平等、公正、法治，倡导爱国、敬业、诚信、友善，积极培育和践行社会主义核心价值观。富强、民主、文明、和谐是国家层面的价值要求，自由、平等、公正、法治是社会层面的价值要求，爱国、敬业、诚信、友善是公民层面的价值要求。这个概括，实际上回答了我们要建设什么样的国家、建设什么样的社会、培育什么样的公民的重大问题。”① 社会主义核心价值观是廉洁文化的价值基础，新时代廉洁文化建设必须探索丰富多彩的形式，不断深化社会主义核心价值观的学习。

四是道德情操建设。廉洁是一种高尚的道德情操，廉洁文化具有鲜明的道德属性。新时代廉洁文化建设必须把道德建设放在重要位置，加强共产主义道德教育，继承发扬中华民族优良道德传统，推动全社会特别是党员干部明大德、守公德、严私德，让以廉为荣、清廉自守成为全社会的风尚。

五是制度法规建设。新时代廉洁文化建设离不开现代制度建设。制度主要包括法律法规和党内法规两个层面。一方面，要深入制定完善廉洁自律和反腐倡廉的法律法规，推进廉洁制度文化建设，同时，推动法律法规的贯彻落实，以国家强制力量推动廉洁文化建设。另一方面，要加强有关廉洁文化的党内法规建设，强化对党员、干部的教育管理监督问责，构建良好的党内政治文化，净化党内政治生态，让清廉自守成为每一个党员、干部的自觉选择和生活方式。

链　接

湖南出台推进廉洁文化建设制度规范

“提篮子”“打牌子”是湖南方言，是湖南人对不正之风和腐败行为的形象称呼。湖南人把“空手套白狼”的中间商称为“提篮子的”，对那种层层转包的工程则称为“提篮子工程”；“打牌子”意指打着领导旗号办事。

2018 年 9 月，中共湖南省委办公厅、湖南省人民政府办公厅印发

① 《习近平著作选读》第 1 卷，人民出版社 2023 年版，第 239 页。

《关于禁止利用领导干部职权或者职务上的影响“提篮子”谋取私利的规定》，明确要求领导干部不得以指定、授意、暗示、批条子、打招呼、请托说情、提出倾向性处理意见等方式，为他人“提篮子”提供便利、帮助，也不得纵容或者默许他人“提篮子”；领导干部之间不得利用职权或者职务上的影响，相互为对方亲属、身边工作人员和其他特定关系人“提篮子”提供便利、帮助。领导干部发现亲属、身边工作人员和其他特定关系人“提篮子”的，或者他人以本人名义“提篮子”的，应当立即制止，并在30日内向同级或者上级党委（党组）、纪检监察机关（机构）报告。领导干部违反本规定的，依照有关规定给予通报、诫勉、组织调整或者组织处理、纪律处分、政务处分；涉嫌违法犯罪的，移送有关机关依法处理。领导干部发现亲属、身边工作人员和其他特定关系人“提篮子”，或者他人以本人名义“提篮子”，应当制止未制止、应当报告未报告的，从严追究责任。

2021年7月，中共湖南省委办公厅、湖南省人民政府办公厅印发《关于坚决抵制和严肃查处利用领导干部名义“打牌子”办事的规定》，严禁任何单位特别是国有企业、金融机构违规任用领导干部亲属担任特定职位，利用其身份跑关系、做业务。对利用领导干部亲属“打牌子”或者“围猎”领导干部的，严肃追究相关单位主要负责人的责任。领导干部应当带头抵制“打牌子”行为，领导干部应当将亲属在所管辖的地区和业务范围内的经商办企业情况向组织报告，不得纵容或者默许他人打自己“牌子”办事。领导干部发现任何人打自己“牌子”办事的，应当立即制止并向组织报告。领导干部的配偶、子女及其配偶，违反有关规定在该领导干部管辖的地区和业务范围内从事可能影响其公正执行公务的经营活动，或者在该领导干部管辖的地区和业务范围内的外商独资企业、中外合资企业中担任由外方委派、聘任的高级职务或者违规任职、兼职取酬的，该领导干部应当按照规定予以纠正；拒不纠正的，其本人应当辞去现任职务或者由组织予以调整职务；不辞去现任职务或者不服从组织调整职务的，给予撤销职务处分。

六是社会风尚建设。廉洁文化的主体和客体是所有的组织和个人，社会公众也是廉洁文化的主体和客体，这是廉洁文化区别于廉政文化的地方，意味着针对广大社会公众的社会风尚建设也是廉洁文化建设的重要内容。《关于加强新时代廉洁文化建设的意见》强调，要统筹各类媒体资源，积极传播廉洁理念，在全党全社会营造和弘扬崇尚廉洁、抵制腐败的良好风尚。

七是家庭家教家风建设。广义上讲，家庭家教家风建设属于社会风尚建设范畴，但家庭家教家风地位特殊，需要单独列出作为廉洁文化建设的特殊组成部分。2021 年 7 月，中央七部委联合发布《关于进一步加强家庭家教家风建设的实施意见》，对家庭家教家风建设作了专门部署，其中规定家庭家教家风建设要以培育和践行社会主义核心价值观为根本，以建设文明家庭、实施科学家教、传承优良家风为重点，强化党员和领导干部家风建设，突出少年儿童品德教育关键，加强教育引导、实践养成、制度保障，推动家庭家教家风建设高质量发展。这也是家庭家教家风建设的主要内容。

八是硬件设施建设。这是器物层面的廉洁文化建设，主要包括党风廉政机构建设、教育宣传设施建设、教育宣传技术利用、惩戒场所和设施建设等。

其三，廉洁教育和廉洁文化资源开发。文化依赖的主要是教育，廉洁教育是廉洁文化建设的重要内容。廉洁文化不是无源之水、无本之木，而是要建立在丰富的资源基础上，廉洁文化建设要善于开发资源、利用资源。《关于加强新时代廉洁文化建设的意见》要求，要利用好革命文化资源、社会主义先进文化资源、中华优秀传统文化资源推动新时代廉洁文化建设，不断拓展廉洁文化的内容；利用好以互联网为基础的全媒体资源，利用好音乐、影视、小说等艺术资源，利用好公共文化设施、旅游景点等资源，以生动活泼、丰富多样的形式推动廉洁文化的传播。

（二）新时代廉洁文化建设的意义

廉洁是人类社会的美好价值，无论何时何地，廉洁文化建设都具有普遍性的重大意义。新时代廉洁文化建设，更是具有党的建设、政治、社会、文化等多方面的重要价值。

第一，廉洁文化建设是全面从严治党的“治本之策”，是新时代全面从严治党向纵深推进的重要动能。廉洁文化建设是新时代党的建设重要组成部分，廉洁文化建设直接的意义体现在党的建设上。其一，廉洁文化建设是中国共产党深层次的自我革命，不仅深刻作用于深层次的思想道德观念，更要构建廉洁的生活方式，让廉洁成为“日用而不觉”的惯习，从根本上遏制和消解腐败现象，成为跳出历史周期率的重要助力。这是廉洁文化建设深层次的自我革命的表现所在，也是廉洁文化最根本的意义所在。其二，廉洁文化建设是新时代全面从严治党向纵深发展的重要武器，有助于一体推进不敢腐、不能腐、不想腐。“敢腐”是基于对腐败成本收益的比较作出的选择，即腐败的成本低（如利用公权力谋私很方便、腐败后被发现和查处的概率小），而腐败的收益大，这导致一些党员干部铤而走险，踏上贪腐之路。“能腐”是国家法律和党内法规不健全，执行存在问题，导致“牛栏关猫”，让贪腐分子有机可乘。“想腐”是具备腐败的动机，把腐败作为公权力的属性和个人获取权力的奋斗目标。相比较而言，“不敢腐”“不能腐”主要是慑于外在压力而罢手，一旦压力放松，或者找到了规避的方法，“敢腐”“能腐”就会死灰复燃，只有解决了“不想腐”的问题，才能真正从底层化解腐败问题。廉洁文化建设针对的就是“不想腐”的问题，力图从思想动机、思维方式这个源头解决腐败的发生机制问题，固本培元，让党员干部和全社会构建廉洁的生活方式，也在根本上实现“不敢腐”“不能腐”“不想腐”三方面同向发力、同时发力、一体推进。其三，廉洁文化建设能够大大降低管党治党成本，提高党建工作效益。中国共产党现有党员超过9800万人，是世界第一大党。管党治党是有成本的，对党员规模巨大的中国共产党来讲尤其如此。降低管党治党成本，提高管党治党效益，是新时代党的建设的重要目标。廉洁文化建设能够在源头上化解违规违纪，遏制和消解作风问题和腐败现象，降低党员干部面临的风险，让党员干部能够安心投入工作，树立党的良好形象，降成本、增收益。

第二，廉洁文化建设是政治经济社会的“净化剂”，能够有效推动构建清朗的政治生态和社会生态。党的十八大以来反腐败斗争的成果，一方面说明我们党反腐败斗争的坚定决心和取得的实际效果，但另一方面也说明我国腐败问题的长期性和严重性，“亡党亡国”并非危言耸听。古语云：“与善人居，如入芝兰之室，久而不闻其香，即与之化矣；与不善人居，如入鲍鱼之肆，久而不闻其臭，亦与之化矣。”作风问题、腐败问题是多方面因素共同推动形成的，恶化了的政治生态、社会生态在其中起着基础性的作用。一段时间以来，党内和社会上“码头文化”“圈子文化”以及关系学、厚黑学、官场术、“潜规则”等庸俗腐朽的政治文化盛行，最让人担心的是这些现象成为腐败亚文化，成为一种社会生活方式，被社会所容忍甚至接受，政治生态和社会生态愈加恶化，陷入恶性循环。作为“净化剂”的廉洁文化能够激浊扬清，让忠诚老实、光明坦荡、公道正派、实事求是、艰苦奋斗、清正廉洁等价值观得到广泛推崇和遵循，给社会政治发展带来新鲜空气，推动构建风清气正的政治生态和向上向善的社会生态，可以说是功在千秋、利在万代。

第三，廉洁文化建设是社会主义先进文化建设的重要内容，能够有效提高全社会文明程度。廉洁文化的主语还是“文化”，属于文化范畴，是一种有特定内涵和要求的社会主义先进文化，也是一种推动社会政治发展的政治文化。新时代廉洁文化以马克思主义为指导，源于中华优秀传统文化，熔铸于党的革命文化，归属于社会主义先进文化，植根于新时代全面从严治党伟大实践，是我国文化建设的重要方面，对提高全社会文明程度具有重要意义。新时代廉洁文化注重“正心、修身、齐家、治国”，强调立德树人、以文化人，提倡追求高尚人格，远离拜金主义、享乐主义和各种低级趣味，具有强大的生命力、巨大的吸引力和无穷的感召力，能够有效提升全民族的思想境界和道德水平。新时代廉洁文化建设也会吸收各民族文化中的有益成分，体现包括中华民族在内的人类社会对真善美的共同追求，对塑造国家和政党形象具有积极意义。

链　接

十年来反腐败斗争成效有目共睹

2022 年 10 月 15 日举行的党的二十大新闻发布会介绍，党的十八大以来，在以习近平同志为核心的党中央坚强领导下，我们党敢于刀刃向内、敢于刮骨疗毒、敢于壮士断腕，反腐败斗争力度前所未有、成效有目共睹，形成了一体推进不敢腐、不能腐、不想腐的方针方略，成功走出一条依靠制度优势、法治优势的反腐败之路。

党的十八大以来到 2022 年 6 月，全国纪检监察机关共立案审查调查 451. 6 万件、处分 443. 9 万人。

“不敢腐”的震慑充分彰显。党中央坚持无禁区、全覆盖、零容忍，坚持重遏制、强高压、长震慑，坚持受贿行贿一起查，坚持有案必查、有腐必惩，始终保持惩治腐败高压态势。

“不能腐”的笼子越扎越牢。制定修订新形势下党内政治生活若干准则、廉洁自律准则、党内监督条例，两次修订纪律处分条例、巡视工作条例，颁布实施监察法、公职人员政务处分法，修改刑法、刑事诉讼法，形成了一整套比较完善的党内法规体系和反腐败法律体系。

“不想腐”的自觉显著增强。坚持不懈用马克思主义中国化时代化最新成果武装全党，推动形成全方位的党性教育链条，用理想信念强基固本，用优秀传统文化正心明德，着力做实廉洁教育，推动党员干部锤炼党性，筑牢拒腐防变防线。

自我革命精神是中国共产党永葆青春活力的强大支撑。“我们将常怀忧虑、居安思危，勇敢面对各种风险考验，坚定不移推进党的自我革命，深入推进新时代党的建设新的伟大工程，确保党在新时代坚持和发展中国特色社会主义的历史进程中始终成为坚强领导核心。”

（资料来源：《十年来反腐败斗争成效有目共睹》，《中国纪检监察报》2022 年 10 月 16 日）

四、新时代廉洁文化建设的目标和原则

2023 年 2 月发布的《关于加强新时代廉洁文化建设的意见》，对新时代廉洁文化建设的目标、原则、内容、途径、保障等作了全面部署，下文根据该意见的相关规定，对新时代廉洁文化建设的目标和原则进行简要论述。

《关于加强新时代廉洁文化建设的意见》强调，加强新时代廉洁

文化建设，要坚持以习近平新时代中国特色社会主义思想为指导，全面贯彻党的十九大和十九届历次全会精神，增强“四个意识”、坚定“四个自信”、做到“两个维护”，不忘初心、牢记使命，坚持思想建党和制度治党同向发力，坚持依法治国和以德治国相结合，以理想信念强基固本，以先进文化启智润心，以高尚道德砥砺品格，惩治震慑、制度约束、提高觉悟一体发力，推动廉洁文化建设实起来、强起来，不断实现干部清正、政府清廉、政治清明、社会清朗。这对新时代廉洁文化建设的目标和原则作了具体规定。

新时代廉洁文化建设的目标是“推动廉洁文化建设实起来、强起来，不断实现干部清正、政府清廉、政治清明、社会清朗”。“推动廉洁文化建设实起来、强起来”，是针对新时代廉洁文化建设本身设定的目标。实起来，是要让廉洁文化建设的措施、效果等落到实处，产生实效；强起来，是要让廉洁文化成为一种强势文化、强大的文化，让廉洁价值观影响力更加广泛和深入，发挥克服各种错误价值观和腐败亚文化的强大作用。“不断实现干部清正、政府清廉、政治清明、社会清朗”是廉洁文化建设的根本目标，内容包括干部、政府、政治、社会四个层面，全面展示了新时代廉洁文化建设的总体目标。廉洁文化建设干部层面的目标是实现“清正”，即干部思想和行为要保持清廉、正直；政府层面的目标是“清廉”，即建立干净廉洁的政府；政治层面的目标是“清明”，即政治文化、政治生态、政治思想、政治行为干净、清澈、明亮，没有受到污染；社会层面的目标是“清朗”，即社会风气干净、清新、爽朗，人与人之间关系简单而和谐。四个层面的目标紧密联系，相辅相成，缺一不可。

新时代廉洁文化建设必须坚持以习近平新时代中国特色社会主义思想为指导，增强“四个意识”、坚定“四个自信”、做到“两个维护”，不忘初心、牢记使命，具体的原则要求有六条：

一是思想建党和制度治党同向发力。思想建设是党的基础性建设，制度建设是党的一项根本性建设。关于思想建党，习近平总书记强调，“注重思想建党、理论强党，是我们党的鲜明特色和光荣传统”[1]。关于制度治党，习近平总书记指出：“制度优势是一个政党、一个国家的最大优势”。“党的十八大以来，党中央坚持制度治党、依规治党，努力构建系统完备、科学规范、运行有效的制度体系，把全面从严治党提升到一个新的水平。”[2] 思想建党与制度治党有机结合，是新时代全面从严治党的重要经验，其科学性和实效性得到了实践检验，自然也是新时代廉洁文化建设的重要原则。廉洁文化建设兼具思想建设和制度建设属性和特点，必须遵循思想建党和制度治党有机结合、同向发力的原则要求。

二是依法治国和以德治国相结合。法治是国家治理体系和治理能力的重要依托，依法治国是中国共产党的执政方略和国家治理的基本方针，以德治国是中国共产党借鉴历代治国之道，在新的历史条件下，对如何教育引导人民、如何推进国家善治提出的重要政策。习近平总书记强调：“法律是成文的道德，道德是内心的法律，法律和道德都具有规范社会行为、维护社会秩序的作用。治理国家、治理社会必须一手抓法治、一手抓德治，既重视发挥法律的规范作用，又重视发挥道德的教化作用，实现法律和道德相辅相成、法治和德治相得益彰。”[3] 廉洁文化是法治文化和德治文化相结合的产物，既有依法治国的内容和要求，也有以德治国的特色和要求，因此，廉洁文化建设要遵循依法治国和以德治国相结合的原则，既要牢牢坚持依法治国的根

① 《习近平著作选读》第 2 卷，人民出版社 2023 年版，第 299 页。

② 《习近平著作选读》第 2 卷，人民出版社 2023 年版，第 303 页。

③ 《习近平著作选读》第 1 卷，人民出版社 2023 年版，第 301 页。

本方向和要求，也要发挥道德教化的重要作用。

链　接

湖南桃江：法治文化助推清廉文化建设

近年来，湖南省桃江县通过积极探索“线上线下”和“点线面”相结合的法治文化立体化宣传建设新模式，将传统与现代、法治元素与清廉文化元素融为一体，普法依法治理水平持续提升，公民法治素养不断增强，清廉桃江建设不断推进。

积极推动清廉文化建设融入公共法律服务体系，狠抓县、乡、村三级公共法律服务体系建设，全县247个村（社区）实现公共法律服务站点、一村（社区）一法律顾问、村级法律服务微信群“三个全覆盖”。推行“好家风带动好作风”活动，指导全县所有村（社区）修订村（居）规民约，通过立规矩，营造知敬畏、守底线的氛围，以良好民风村风带动好的社风政风。总结推广“村民议事会”“五老献余热”等基层依法治理亮点经验，深入推进家德家风教育，建立村民道德档案，实现了自治、法治、德治“三治融合”，实现了基层治理与反腐倡廉相辅相成、相得益彰。

着力打造“桃江清廉文化”特色品牌，将清廉文化与地方特色完美融合，充分利用传统庙会、居民赶集等群众集中的契机和“花鼓戏”“胡呐喊”“马迹塘故事”等桃江特色艺术开展法治宣传。先后投入50余万元打造花鼓戏《包拯传》《捣狼窝》及情景剧《堂兄堂弟》、法治快板《争当法律明白人》等20多个原创法治文艺作品，在全县15个乡镇巡回演出，覆盖群众10万余人，提高了群众学法的积极性以及运用法律解决问题的能力。

近年来，桃江县先后投入近200万元，打造沿江风光带大汉至豪苑段约4公里法治清廉文化长廊，并在县城各休闲区域、公交车站点以及部分行政村建成一系列法治清廉文化广场、法治清廉主题公园，让群众在休闲娱乐中潜移默化接受法治文化熏陶、提高反腐倡廉意识。

（资料来源：《桃江：法治文化助推清廉文化建设》，清风益阳网2021年11月2日）

三是以理想信念强基固本。马克思主义信仰、共产主义远大理想、中国特色社会主义共同理想，是中国共产党人的精神支柱和政治灵魂，是"总开关""压舱石"，也是党员干部抵御各种诱惑的精神支柱和力量之源。习近平总书记指出："事实一再表明，理想信念动摇是最危险的动摇，理想信念滑坡是最危险的滑坡。"① 就廉洁文化建设而言，理想信念是根基所在、内在动力所在，没有坚定的理想信念做支撑，很难做到廉洁自律。新时代廉洁文化建设必须坚持以理想信念强基固本，不断深化理想信念教育，让我们党倡导的理想信念、价值理念、优良传统深入党员、干部思想和心灵，进而转化为廉洁自律的内在动力。

四是以先进文化启智润心。社会主义先进文化是面向世界、面向未来的，民族的科学的大众的文化，它以社会主义核心价值观为引领，以中华优秀传统文化为根基，继承和发扬中国共产党在各个历史时期形成的革命文化，弘扬中华传统美德，具有启智润心的重要作用。廉洁文化属于社会主义先进文化范畴，廉洁文化建设融于社会主义先进文化发展中。充分发挥社会主义先进文化启智润心的功能，服务社会主义文化强国建设，廉洁文化建设才能取得更好的效果。

五是以高尚道德砥砺品格。廉洁具有强烈的道德属性，是人类社会共同追求的美德。道德高尚是清正廉洁的基础，也是清正廉洁的表

---

① 《习近平著作选读》第1卷，人民出版社2023年版，第133页。

现。文化润其内，养德固其本。以廉洁价值为核心的廉洁文化，是具有鲜明道德属性的文化形态，廉洁文化建设带有很强的道德教化属性，成败的关键在于是否以文化人、以德化人。习近平总书记强调指出："今天，衡量一名共产党员、一名领导干部是否具有共产主义远大理想，是有客观标准的，那就要看他能否坚持全心全意为人民服务的根本宗旨，能否吃苦在前、享受在后，能否勤奋工作、廉洁奉公，能否为理想而奋不顾身去拼搏、去奋斗、去献出自己的全部精力乃至生命。一切迷惘迟疑的观点，一切及时行乐的思想，一切贪图私利的行为，一切无所作为的作风，都是与此格格不入的。"① 这正是党员干部的道德准则，它具有"磨刀石"的作用，对标这个道德准则，按照这个道德准则思考和行事，我们就能不断增强党性修养，发展完善自身。同样的道理，廉洁文化建设必须发挥高尚道德的"磨刀石"作用，以高尚的道德激励人、鞭策人，以高尚的道德滋养人心、砥砺品格。

六是惩治震慑、制度约束、提高觉悟一体发力。惩治震慑是指以零容忍态度惩处腐败分子，清除腐败现象，实现"不敢腐"。制度约束是指构建科学完善的制度体系，深化制度治党，实现"不能腐"。提高觉悟是指以思想、道德、文化启智润心，筑牢拒腐防变的堤坝，实现"不想腐"。惩治震慑、制度约束、提高觉悟都属于廉洁文化范畴，都是廉洁文化建设的基本路径。新时代廉洁文化建设需要发挥三者的作用，让三者一体发力、一体推进。

反腐败斗争是一场输不起也决不能输的重大政治斗争。廉洁文化建设是新时代党员干部拒腐防变能力的"免疫工程"，是一项关乎党本、国本的重大工程，是一场新形式的伟大斗争，长期性、艰巨性自不待言。唯其难能，所以可贵；唯其艰巨，所以伟大。

---

① 《习近平著作选读》第1卷，人民出版社2023年版，第83页。

第二章

新时代廉洁文化建设的背景

廉洁文化并不是一个新概念，21 世纪初即有学者开始讨论廉洁文化问题，但其时仍主要是一个学术问题。2010 年 1 月，中央纪委、中共中央宣传部、监察部、文化部、广电总局、新闻出版总署等六部委联合下发《关于加强廉政文化建设的意见》，标志着文化建设正式进入党风廉政建设和反腐败斗争范畴。2022 年 2 月，中共中央办公厅印发《关于加强新时代廉洁文化建设的意见》，“廉洁文化建设”正式取代“廉政文化建设”，进入党的建设话语体系，标志着党的建设认识进一步深化。廉洁文化建设的提出有其特定的历史背景，厘清其历史背景，有助于把握新时代全面从严治党的历史进程，更好理解廉洁文化建设。

一、全面从严治党战略向纵深推进

全面从严治党是党的十八大以来，以习近平同志为核心的党中央提出的党的建设重大战略，是党的建设的重大理论创新。完整提出全面从严治党概念是2014年12月中旬，习近平总书记在江苏考察中提出要“协调推进全面建成小康社会、全面深化改革、全面推进依法治国、全面从严治党”，“全面从严治党是推进党的建设新的伟大工程的必然要求。从严治党的重点，在于从严管理干部，要做到管理全面、标准严格、环节衔接、措施配套、责任分明”。[①] 这是我们党第一次明确提出“全面从严治党”战略，也是“四个全面”（全面建成小康社会、全面深化改革、全面推进依法治国、全面从严治党）第一次并列提出，由此形成了新时代极为重要的理论创新——“四个全面”战略布局。

全面从严治党战略的提出，是对一段时期以来管党治党“宽松软”的直接回应，与党内蔓延的、严重的作风和腐败问题直接相关，习近平总书记对此做过全面深入的剖析。全面从严治党意味着管党治党方略的重大调整，也意味着管党治党方略的不断探索和深化完善。

全面从严治党的基本内涵：核心是加强党的领导，基础在全面，

① 霍小光、王骏勇：《习近平在江苏调研时强调：主动把握和积极适应经济发展新常态，推动改革开放和现代化建设迈上新台阶》，《人民日报》2014年12月15日。

关键在严，要害在治。这种解释采用的是“拆字法”，从全面从严治党文字的构成来理解，一目了然，清晰明确。在党的十八大前，我们党已经提出了“党要管党、从严治党”的要求，全面从严治党新就新在“全面”二字，因此，一些学者从“全面”的角度来理解全面从严治党，如有学者认为，全面从严治党就是要全方位、全覆盖、全过程。[①] 也有学者以新时代党的建设总体布局为基础，认为全面从严治党就是政治建设、思想建设、作风建设、组织建设、纪律建设、制度建设、党风廉政建设和反腐败斗争七个方面都要全面从严。

全面从严治党战略的提出，针对的是新时代管党治党面临的总体性问题，是新时代党的自我革命，要解决的是跳出“历史周期率”这个困扰中国历史发展的大问题。但不可否认的是，全面从严治党直接针对的、给人留下最为深刻印象的，是党风廉政建设和反腐败斗争。正如党的二十大报告总结新时代全面从严治党时所言，十八大以来党的建设是“从制定和落实中央八项规定开局破题”，“持之以恒正风肃纪，以钉钉子精神纠治‘四风’，反对特权思想和特权现象，坚决整治群众身边的不正之风和腐败问题，刹住了一些长期没有刹住的歪风，纠治了一些多年未除的顽瘴痼疾”。[②] 党的二十大报告中，总结十八大以来全面从严治党的一整段话，党风廉政建设和反腐败斗争的内容就占了70%以上。[③] 因此，作出这样一个判断是合理的：全面从严治党要求党的建设各个方面、各个领域都要从严，但其提出时着眼点还是作风问题和腐败问题。明确这一点，才能更好理解廉洁文化建设提出的逻辑。

---

① 蔡长水：《关于全面从严治党的几点认识》，《观察与思考》2015年第11期。

② 《习近平著作选读》第1卷，人民出版社2023年版，第11页。

③ 《习近平著作选读》第1卷，人民出版社2023年版，第11-12页。

面对严重的腐败问题，以习近平同志为核心的党中央采取了问题导向、极为务实的策略——阶梯式发展策略，从治标入手，再循序渐进过渡到治本，用党的建设的术语来说，就是从不敢腐到不能腐，再到“三不腐”（不敢腐、不能腐、不想腐）一体推进，阶梯式的反腐败斗争策略不是以前试图毕其功于一役的理想化的“标本兼治”。让我们看看习近平总书记和党中央对党风廉政建设和反腐败斗争进程和成效的评价：

——2016 年 1 月，习近平总书记在十八届中央纪委六次全会上强调，反腐败斗争压倒性态势正在形成。

——2017 年 1 月，十八届中央纪委七次全会公报指出，腐败蔓延势头得到有效遏制，反腐败斗争压倒性态势已经形成。

——2017 年 10 月，党的十九大对十八大以来党风廉政建设和反腐败斗争进展和成效作出判断：“不敢腐的目标初步实现，不能腐的笼子越扎越牢，不想腐的堤坝正在构筑，反腐败斗争压倒性态势已经形成并巩固发展。”①

——2019 年 1 月，习近平总书记在十九届中央纪委三次全会上作出判断，反腐败斗争取得压倒性胜利。

——2020 年 2 月，十九届中央纪委四次全会提出，构建一体推进不敢腐、不能腐、不想腐体制机制，进一步巩固和发展反腐败斗争压倒性胜利。

——2022 年 1 月，习近平总书记在十九届中央纪委六次全会上总结了全面从严治党“六个必须坚持”的经验与规律，强调全面从严治党是新时代党的自我革命的伟大实践，开辟了百年大党自我革命的新

---

① 《习近平著作选读》第 2 卷，人民出版社 2023 年版，第 7 页。

境界。[1] 习近平总书记指出，经过新时代全面从严治党的革命性锻造，反腐败斗争取得压倒性胜利并全面巩固，中国共产党“成功走出一条依靠制度优势、法治优势反腐败之路，书写了人类反腐败斗争历史新篇章”[2]。他强调，只要存在腐败问题产生的土壤和条件，腐败现象就不会根除，反腐败斗争也就不可能停歇。领导干部特别是高级干部要带头落实关于加强新时代廉洁文化建设的意见，从思想上固本培元，提高党性觉悟，增强拒腐防变能力；一定要重视家教家风，以身作则管好配偶、子女，本分做人、干净做事。

——2022 年 10 月，党的二十大提出了构建健全全面从严治党体系这个重大命题，强调要“健全全面从严治党体系，全面推进党的自我净化、自我完善、自我革新、自我提高”[3]。

——2023 年 1 月，习近平总书记在二十届中央纪委二次全会上指出，全面从严治党体系是一个内涵丰富、功能完备、科学规范、运行高效的动态系统，要更加突出党的各方面建设有机衔接、联动集成、协同协调，更加突出体制机制的健全完善和法规制度的科学有效，更加突出运用治理的理念、系统的观念、辩证的思维管党治党建设党。

---

① 全面从严治党“六个必须坚持”具体是：必须坚持以党的政治建设为统领，坚守自我革命根本政治方向；必须坚持把思想建设作为党的基础性建设，淬炼自我革命锐利思想武器；必须坚决落实中央八项规定精神、以严明纪律整饬作风，丰富自我革命有效途径；必须坚持以雷霆之势反腐惩恶，打好自我革命攻坚战、持久战；必须坚持增强党组织政治功能和组织力凝聚力，锻造敢于善于斗争、勇于自我革命的干部队伍；必须坚持构建自我净化、自我完善、自我革新、自我提高的制度规范体系，为推进伟大自我革命提供制度保障。参见《坚持严的主基调不动摇　坚持不懈把全面从严治党向纵深推进》，《人民日报》2022 年 1 月 19 日。

② 习近平：《全面从严治党探索出依靠党的自我革命跳出历史周期率的成功路径》，《求是》2023 年第 3 期。

③ 《习近平著作选读》第 1 卷，人民出版社 2023 年版，第 52 页。

要坚持内容上全涵盖，党的建设推进到哪里，全面从严治党体系就要构建到哪里，无论党的政治建设、思想建设、组织建设、作风建设、纪律建设，还是制度建设、反腐败斗争，都要自觉贯彻全面从严治党战略方针，不能把全面从严治党局限于正风、肃纪、反腐。①

从上述时间线可以发现，全面从严治党是认识和实践不断深入的历史进程，以关系执政党生死存亡的现实问题——党风廉政建设和反腐败斗争——开始，逐步发展到一体推进不敢腐、不能腐、不想腐，再到健全全面从严治党体系。廉洁文化建设虽然主要还是针对党风廉政建设和反腐败斗争，但其实在不断超越，它不仅要从深层次的社会文化、社会心理上推进党风廉政建设和反腐败斗争，一体推进不敢腐、不能腐、不想腐，同时，它也有政治建设（特别是政治文化和政治生态建设）、思想建设、制度建设、纪律建设等各方面的重要内容和目的要求，对全面从严治党具有系统和全面的深化作用，是全面从严治党体系特殊和重要的组成部分。从这个意义上讲，廉洁文化建设是建立在全面从严治党实践不断深入基础上的，是全面从严治党实践不断深化的结果，也是全面从严治党进入新阶段的重要表现。正如《关于加强新时代廉洁文化建设的意见》指出的："必须站在勇于自我革命、保持党的先进性和纯洁性的高度，把加强廉洁文化建设作为一体推进不敢腐、不能腐、不想腐的基础性工程抓紧抓实抓好。"

综合分析可以看出，廉洁文化的提出是全面从严治党经验总结和理论认识的重要成果。从严峻的现实出发，从治标开始，强调全面从严治党的"治"即严格落实管党治党政策，以零容忍态度强力反腐，到提出政治建设、纪律建设等党的建设新范畴，逐步完善以七大建设

---

① 习近平：《健全全面从严治党体系，推动新时代党的建设新的伟大工程向纵深发展》，《求是》2023年第12期。

为主体内容的新时代党的建设总体格局，再到提出全面从严治党体系，将全面从严治党升华到党的自我革命和解决大党独有难题的理论高度，这是一个对新时代党的建设理论认识不断深化、理论建构不断成熟的过程。正如习近平总书记所指出的："党的十八大以来，我们继承和发展马克思主义建党学说，总结运用党的百年奋斗历史经验，深入推进管党治党实践创新、理论创新、制度创新，对建设什么样的长期执政的马克思主义政党、怎样建设长期执政的马克思主义政党的规律性认识达到新的高度。"① 结合党的建设理论和廉洁文化的属性和功能，我们可以得出这样一个结论：廉洁文化的提出，针对的是全面从严治党体系、党的自我革命、解决大党独有难题等深层次的理论和实践问题，是全面从严治党理论体系发展完善的表现。

链　接

党的十九大以来作风建设和反腐败斗争数据

坚持无禁区、全覆盖、零容忍，坚持重遏制、强高压、长震慑，对党的十八大后不收敛不收手，特别是党的十九大后仍不知止、胆大妄为的，发现一起查处一起。五年来，中央纪委国家监委立案审查调查中管干部261人；全国纪检监察机关共立案306.6万件，处分299.2万人；立案审查调查行贿人员4.8万人，移送检察机关1.3万人。在高压震慑和政策感召下，8.1万人向纪检监察机关主动投案，2020年以来21.6万人主动交代问题。

围绕打赢脱贫攻坚战，开展扶贫领域腐败和作风问题专项治理，

① 《坚持严的主基调不动摇　坚持不懈把全面从严治党向纵深推进》，《人民日报》2022年1月19日。

对原贫困县集中的7个省（自治区）实地调研督导，重点纠治贯彻党中央脱贫攻坚决策部署不坚决不到位、责任职能不落实问题，对搞数字脱贫、虚假摘帽的严肃处理。五年来，全国纪检监察机关共查处扶贫领域腐败和作风问题29.9万个，给予党纪政务处分20.2万人，查处乡村振兴领域腐败和作风问题4.8万个，给予党纪政务处分4.6万人。

清醒认识作风问题顽固性反复性，精准施治、久久为功。五年来，全国纪检监察机关共查处享乐主义、奢靡之风问题28.6万个，批评教育帮助和处理39.8万人，其中给予党纪政务处分28.5万人。

（资料来源：《十九届中央纪律检查委员会向中国共产党第二十次全国代表大会的工作报告》，中国政府网2022年10月27日）

二、推进党的自我革命和化解大党独有难题的内在要求

习近平总书记强调："勇于自我革命，从严管党治党，是我们党最鲜明的品格"[①]，"要始终赢得人民拥护、巩固长期执政地位，必须时刻保持解决大党独有难题的清醒和坚定"[②]。廉洁文化的提出，离不开中国共产党对推进党的自我革命和化解大党独有难题的认识与实践。

党的自我革命将中国共产党既作为革命的主体，也作为革命的客体，是主体和客体的统一。就"自我"一词而言，强调的是中国共产党用自身力量来解决自己存在的问题，而非依靠外部力量；就"革

① 《习近平著作选读》第2卷，人民出版社2023年版，第21页。

② 《习近平著作选读》第1卷，人民出版社2023年版，第52页。

命”一词而言，基本含义是自我净化、自我完善、自我革新、自我提高，强调的是解决自身存在问题的复杂性、艰巨性、彻底性，而不是否定中国共产党存在的合法性，更不是将自身毁灭。党的自我革命中的“革命”一词，用法大体等同于邓小平所言的“改革是一场革命”。正如习近平总书记所言：“怎样才算过硬，就是要敢于进行自我革命，敢于刀刃向内，敢于刮骨疗伤，敢于壮士断腕，防止祸起萧墙。这就是为什么我们党要不断进行自我革命的根本意义所在。”[①] 有学者将党的自我革命定义为坚持真理、修正错误，正视问题、克服缺点，刮骨疗毒、去腐生肌，集思想理论、精神品格、行为实践于一体[②]，这是合理的。需要指出的是，当下，有个别网络意见领袖将党的自我革命理解为“文化大革命”指导思想那样的以泛化的阶级斗争为核心的“继续革命”，这种理解是别有用心的，也是极端错误的，要加以警惕。

习近平总书记总结了党的自我革命“六个必须”：“必须坚持以党的政治建设为统领，坚守自我革命根本政治方向；必须坚持把思想建设作为党的基础性建设，淬炼自我革命锐利思想武器；必须坚决落实中央八项规定精神、以严明纪律整饬作风，丰富自我革命有效途径；必须坚持以雷霆之势反腐惩恶，打好自我革命攻坚战、持久战；必须坚持增强党组织政治功能和组织力凝聚力，锻造敢于善于斗争、勇于自我革命的干部队伍；必须坚持构建自我净化、自我完善、自我革新、自我提高的制度规范体系，为推进伟大自我革命提供制度保障。”[③] 从

---

① 《习近平著作选读》第 2 卷，人民出版社 2023 年版，第 104 页。

② 郭世军：《中国共产党自我革命的理论追溯和深层剖析》，《求实》2019 年第 5 期。

③ 《坚持严的主基调不动摇　坚持不懈把全面从严治党向纵深推进》，《人民日报》2022 年 1 月 19 日。

表述看，“六个必须”包含了党的自我革命的主体、方向、指导思想、路径、内容、制度保证等各个方面，是对党的自我革命的权威论述。

与党的自我革命紧密联系的概念是“历史周期率”。保持长期执政能力地位，保证国家治理跳出治乱兴衰的历史周期率，领导中华民族实现伟大复兴，是中国共产党的历史使命，也是新中国成立以来中国共产党努力探索解决的根本问题。从人类历史发展规律讲，制度兴衰、政权更迭是一个普遍性的历史现象，历史周期率是人类社会发展演变的客观现象。正如有学者指出的，“历史周期率是一种规律性的现象，历史周期率主体由兴起到衰亡的过程，体现的是社会基本矛盾由缓和走向激化的过程”，“历史周期率是人类社会螺旋式向上发展过程中所表现出来的一种现象”。[①]

中国共产党党的建设话语体系中的“跳出历史周期率”，不是要“硬刚”历史发展客观规律，而是要在历史发展规律基础上，从理论上阐释如何加强马克思主义政党的建设，有效解决自身存在的问题，增强自身自信，掌握历史主动，更好应对内外部环境的变化和挑战，推动历史发展，巩固长期执政地位，跳出中国历史上“其兴也勃焉，其亡也忽焉”的王朝兴替周期率，带领中华民族走向伟大复兴。历史周期率在中国历史上表现最为明显和典型。总结我国王朝兴替的历史，执政者无法解决自身存在的严重问题特别是腐败问题，是导致政权垮台的主要原因。中国共产党生长在中国，受到中华优秀传统文化的滋养，但也不可避免地承受着中国历史的“重负”，其中之一就是历史周期率问题。“跳出历史周期率问题，这是关系党千秋伟业的一个重

① 于东：《历史发展中的周期率问题研究》，江西人民出版社2010年版，第15页。

大问题，关系党的生死存亡，关系我国社会主义制度的兴衰成败。”①党的十八大以来，我们党找到了跳出历史周期率的第二个答案——自我革命。就反腐败斗争而言，习近平总书记指出：“只有以反腐败永远在路上的坚韧和执着，深化标本兼治，保证干部清正、政府清廉、政治清明，才能跳出历史周期率，确保党和国家长治久安。”②

链　接

习近平总书记论跳出历史周期率

如何跳出历史周期率？党始终在思索、一直在探索。毛泽东同志在延安的窑洞里给出了第一个答案，这就是“让人民来监督政府”；经过百年奋斗特别是党的十八大以来新的实践，党又给出了第二个答案，这就是“自我革命”。自我革命就是补钙壮骨、排毒杀菌、壮士断腕、去腐生肌，不断清除侵蚀党的健康肌体的病毒，不断提高自身免疫力，防止人亡政息。勇于自我革命和接受人民监督是内在一致的，都源于党的初心使命。一百年来，党外靠发展人民民主、接受人民监督，内靠全面从严治党、推进自我革命，勇于坚持真理、修正错误，勇于刀刃向内、刮骨疗毒，保证了党长盛不衰、不断发展壮大。我将无我、不负人民，始终代表最广大人民根本利益，才能本着彻底的自我革命精神检视自身、常思己过，坚决同一切损害党的先进性和纯洁性的因素作斗争；才能摆脱一切利益集团、权势团体、特权阶层的“围猎”腐蚀，并向党内成为这些集团、团体、阶层同伙的人开刀，永葆党的生机活力；才能让人民信赖我们、支持我们，真心实意帮助

① 习近平：《全面从严治党探索出依靠党的自我革命跳出历史周期率的成功路径》，《求是》2023年第3期。

② 《习近平著作选读》第2卷，人民出版社2023年版，第55页。

我们改正缺点，坚定跟着党一起奋斗。全面从严治党是新时代党的自我革命的伟大实践，开辟了百年大党自我革命的新境界。

（资料来源：习近平：《全面从严治党探索出依靠党的自我革命跳出历史周期率的成功路径》，《求是》2023 年第 3 期）

党的二十大提出了一个新的重要概念：大党独有难题。党的二十大报告指出："我们党作为世界上最大的马克思主义执政党，要始终赢得人民拥护、巩固长期执政地位，必须时刻保持解决大党独有难题的清醒和坚定。"① 习近平总书记在二十届中央纪委二次全会上对大党独有难题作了进一步阐释，指出中国共产党面对的大党独有难题主要是"六个如何始终"，即如何始终不忘初心、牢记使命，如何始终统一思想、统一意志、统一行动，如何始终具备强大的执政能力和领导水平，如何始终保持干事创业精神状态，如何始终能够及时发现和解决自身存在的问题，如何始终保持风清气正的政治生态。"解决这些难题，是实现新时代新征程党的使命任务必须迈过的一道坎，是全面从严治党适应新形势新要求必须啃下的硬骨头。"② "大党独有难题"命题的提出，是中国共产党对自身建设复杂性、艰巨性、长期性认识的进一步深化，"丰富和拓展了马克思主义建党学说，深化了对执政党建设规律的认识"，"标志着中国共产党对治理一个大党的特殊难题有了更深刻的把握"。③

党的自我革命同大党独有难题密切相关。大党独有难题的化解，

① 《习近平著作选读》第 1 卷，人民出版社 2023 年版，第 52 页。

② 《一刻不停推进全面从严治党　保障党的二十大决策部署贯彻落实》，《人民日报》2023 年 1 月 10 日。

③ 郑寰：《组织学视域下大党独有难题的学理分析》，《治理研究》2023 年第 3 期。

需要多方面力量和因素的共同作用，但作为唯一的执政党，归根到底还是要靠中国共产党自身，别无他法，“坚持自我革命对解决大党独有难题具有决定性作用”[①]。习近平总书记指出：“全面从严治党永远在路上，党的自我革命永远在路上，解决大党独有难题是一个长期而艰巨的过程，既需要常抓不懈，又需要集中发力，及时消除一切影响党的先进性纯洁性的因素，清除一切侵蚀党的肌体健康的病毒，确保党永远不变质、不变色、不变味。”[②]

让我们回到新时代廉洁文化建设上来。一言以蔽之，党的自我革命和大党独有难题，是提出廉洁文化建设的重要历史背景。

其一，新时代廉洁文化建设、党的自我革命、解决大党独有难题内在地统一于全面从严治党战略。新时代廉洁文化建设、党的自我革命、解决大党独有难题都属于党的建设范畴，都是新时代党的建设创新性的内容，是对党的建设规律认识的深化。三者都是在党的二十大前后提出的，这不是巧合，而是因为三者内在统一于新时代新阶段全面从严治党战略，是全面建设社会主义现代化国家新征程上管党治党相互配合、相互支撑的新途径、新方式。

其二，对党的自我革命和大党独有难题的认识，是提出新时代廉洁文化的重要助力。党的自我革命是在全面从严治党特别是反腐败斗争不断深入的基础上形成的，体现了以习近平同志为核心的党中央对党和国家事业行稳致远、对党的长期执政地位的保持和巩固的深层次思考。大党独有难题是对中国共产党这样的组织规模巨大、承担着艰

① 严书瀚：《坚持自我革命是解决大党独有难题的必由之路》，《世界社会主义研究》2023 年第 2 期。

② 习近平：《在学习贯彻习近平新时代中国特色社会主义思想主题教育工作会议上的讲话》，《求是》2023 年第 9 期。

巨历史任务的政党面对的自身建设特殊问题新的思考，是对党的建设规律认识的深化，也是党的忧患意识的彰显。廉洁文化建设与党的自我革命、与大党独有难题密不可分：廉洁文化建设贯穿习近平总书记所指出的“六个必须”，本质上是党组织和党员干部思想作风、政治文化、政治生态、行为方式乃至生活方式等方面进行的深层次自我革命，反腐败斗争更是最彻底的自我革命；廉洁文化建设蕴含在中国共产党大党独有难题中，是大党独有难题的具体方面。因此，廉洁文化建设蕴含在党的自我革命、大党独有难题两个命题中，党的自我革命、大党独有难题的提出，自然会引申出新时代廉洁文化建设问题，这也就是以党的自我革命引领社会革命的内在理论逻辑所在。

其三，新时代廉洁文化建设是推进党的自我革命、化解大党独有难题的重要途径。新时代廉洁文化建设针对的是理念信念、政治文化、政治生态、社会心理、生活方式等深层次的问题，不仅仅是党的自我革命、大党独有难题的组成部分，同时也是推动党的自我革命、化解大党独有难题的不可或缺的方法和途径。比如，新时代廉洁文化要在强化党员干部初心使命、理想信念的基础上，抵制和消除关系学、厚黑学、官场术、潜规则等庸俗腐朽的政治文化，正本清源、固本培元，涵养风清气正的党内政治生态，这无疑是在深层次上推进党的自我革命，从根本上解决“如何始终保持风清气正的政治生态”这一大党独有难题。正因如此，党的自我革命和大党独有难题命题的提出，新时代廉洁文化建设命题就自然提到议事日程。

链　接

新时代廉洁文化建设的自我革命精神意蕴

党的自我革命具有制度与价值有机统一的内在逻辑。这既体现为通过制度创新不断革除党自身存在组织积弊，解决组织不纯、纪律松弛和贪污腐败等政治异化病症，也体现为通过价值塑造持续净化党内政治文化生态，日益提升党员干部的思想品质和精神境界。新时代党的自我革命所追求的是“内外兼修”，为此就必须“刚柔并济”，制度意义上的自我革命和思想意义上的自我革命相辅相成、不可分割。

廉洁文化建设是推进党的自我革命的思想形式。清正廉洁的坚定来自思想纯洁基础之上的政治清醒。习近平总书记2013年在中央政治局集体学习中谈到廉政文化建设时，强调要“夯实党员干部廉洁从政的思想道德基础”，他同时深刻指出：“思想纯洁是马克思主义政党保持纯洁性的根本”。这意味着党的思想上的自我革命更具根本意义，廉洁文化建设所追求的是廉洁从政思想普遍化的过程，因而构成推进党的自我革命的思想形式。

廉洁文化建设成效是判断党的自我革命进展的重要尺度。党的自我革命意蕴下的新时代廉洁文化建设，所追求的根本目标不仅仅是“不敢腐”和“不能腐”意义上的被动防守，更是“不想腐”意义上的主动坚守。就此而言，廉洁文化建设成效就成为判断党的自我革命进展的重要尺度。当廉洁自律成为领导干部精神世界中普遍的信念，干部清正、政府清廉、政治清明、社会清朗成为普遍的现实，这既是判断新时代廉洁文化建设成效的主要依据，也是党的自我革命取得重大进展的根本标志。

（资料来源：《深刻把握新时代廉洁文化建设的本质内涵与实践要求》，《天津日报》2022年5月30日）

三、反腐败斗争国内外经验总结和发展必然

腐败与公权力相伴随行，是人类社会普遍的现象。腐败是侵蚀各国政党和政府的“政治之癌”，是各国人民共同的敌人，已经成为国际公害。“从1983年起，每两年召开一次的世界反贪污国际大会确认，腐败变成了各种政治制度国家面临的共同问题，而且越来越猖獗。”[①]向腐败作坚决的斗争，是世界各国共同的任务。2003年10月31日，第58届联合国大会通过了《联合国反腐败公约》，有120多个国家签署加入，其中也包括中国。从各国情况看，腐败是多方面因素共同促成的，这决定了反腐败必须综合施治，采取单一的策略不可能取得好的、长期的效果，反而容易造成一旦放松，腐败现象“报复式反弹”，给反腐败斗争带来负面影响。综观国内外反腐败实践的做法和经验，成功的反腐败斗争往往是务实的，先解决最为急迫的、对政权伤害最大的现实问题，把腐败现象遏制住，然后再由表及里，逐步化解造成腐败的深层次问题，即文化、心理、政治文化、政治生态、社会生活方式等，也就是说，成功的反腐败斗争都是循序渐进的过程。在各种反腐败策略中，廉洁文化建设针对的就是造成腐败的深层次问题，是综合施治任务最为艰巨、最为彻底的一项策略。

腐败现象虽然有其共性，造成腐败也有共性的原因，不过，各国由于发展程度、社会历史文化、政治制度特别是监督制度等各方面的不同，造成腐败的主要原因、具体原因也有所不同。比如，在发达资本主义国家，造成腐败的主要原因是“以钱谋权”，即利用资本力量

① 李正矩：《跨越腐败的陷阱：国外反腐败的经验与教训》，中国经济出版社1999年版，第6页。

非法干预政治，谋取利益，不过，发达国家经过多年的探索和制度建设，能够将腐败控制在不影响资本主义制度稳定的范围内，即使是腐败现象严重的韩国、意大利等发达国家，腐败也没有发展到危及社会制度。发展中国家腐败现象发生的原因除了制度不健全，更主要的是社会中建基于“庇护关系”的“以权谋钱”，即“作为庇护人的政府官员或小集团在分配社会有价值的事物（如权力、财富、名誉）中优先照顾与自己关系亲近的人，后者则以对前者的忠诚、支持或服务作为回报，由此所建立起来的关系”①。“庇护关系”主要有亲缘关系（以家庭关系为代表）、人情关系（典型的有同乡关系、同学关系、战友关系）、交易关系（基于市场化的利益交换，代表性的是基于利益交换的政商关系）。“庇护关系”中，官员实际上把公权力视为自己的私有财产，作为获取私人利益、获得关系人“忠诚”的工具。“庇护关系”自身还会不断繁殖，被庇护人往往摇身一变，也成为庇护人，构建自己的庇护关系圈。中国作为发展中国家，腐败现象与各种不合法、不合规的“庇护关系”有密切关系。发展中国家的腐败现象不仅远较发达国家严重，更为麻烦的是，腐败如果控制不好，会危及国家制度和政权稳定，甚至会倾覆执政党及其掌握的国家政权，用中国人熟悉的话说，就是亡党亡国。

各国腐败现象发生的规模和频率（可称之为腐败程度）也有不同。一般认为，高度腐败的国家主要分布在东南亚、中东、中南美洲、撒哈拉沙漠以南的非洲等地区以及俄罗斯等国家，中度腐败的国家主要是美国、西欧各国、日本等发达国家，比较廉洁的国家有北欧国家、新加坡、瑞士、英国等国。就中国而言，党的十八大以来，我国反腐

---

① 李正矩：《跨越腐败的陷阱：国外反腐败的经验与教训》，中国经济出版社1999年版，第10页。

败斗争取得压倒性胜利并不断巩固，但正如习近平总书记指出的："反腐败斗争形势依然严峻复杂，遏制增量、清除存量的任务依然艰巨。"①

世界各国反腐败斗争的理论论述和实践发展，是中国反腐败斗争的重要借鉴，国内政学两界都十分关注，不断分析总结各国反腐败的经验教训，特别是强调汲取苏联共产党亡党亡国的深刻教训。比如，强调法律和制度面前人人平等（党内没有特殊党员、没有铁帽子王）；强调健全监督体系，把权力关进制度的"笼子"里；强调以法治思维和法治方式治理腐败；强调零容忍态度强力反腐；等等。这些都有各国反腐败斗争的经验蕴含其中。抓好廉洁教育，推进廉洁文化建设，其实也是各国、各地区反腐败实践的一条重要经验，"西方发达资本主义国家用几百年的时间建立了比较完善的法律体系，又经过漫长的社会教化，逐渐形成人们的自觉行为，产生与之相适应的法制型廉政文化基础"②。以我国香港特别行政区为例，20 世纪六七十年代，香港行政机构的腐败非常严重，社会对腐败的容忍度非常高，后经过强力反腐、制度建设以及持续的廉洁教育形成的政治文化，香港现已成为全球最廉洁的地区之一。正如研究者所言，实证研究表明，"正式制度的影响必须通过道德规范的社会化来实现。香港能成为全世界最廉洁的城市之一，廉政公署功不可没。同样地，我们不能忽视对腐败零容忍的政治文化对廉政建设的影响"③。

---

① 《一刻不停推进全面从严治党　保障党的二十大决策部署贯彻落实》，《人民日报》2023 年 1 月 10 日。

② 王琛：《建设廉洁政府的国际经验及其借鉴》，《中共中央党校学报》2014 年第 1 期。

③ 公婷、王世茹：《腐败"零容忍"的政治文化——以香港为例》，《复旦公共行政评论》2012 年第 2 期。

廉洁教育贯穿反腐败斗争始终，但廉洁文化建设是反腐败斗争进展到一定阶段后的任务和要求。在面对弥散性的严重腐败时，廉洁文化可能会被认为是道德说教，花大力气推广廉洁文化在一定程度上是理想主义的、不接地气的，强力反腐才能够解决问题、赢得民心。但是，一旦反腐败斗争不断深入，腐败现象得到较大程度的遏制，社会对腐败问题产生的根源有了更多的思考和认识，从源头上化解腐败问题就会提上议事日程，这个时候，提出和开展廉洁文化建设的时机就到了，这一反腐败斗争的阶段性发展进程，已经为世界各国反腐败斗争实践所证实。概而言之，廉洁文化建设的提出，不仅是国内反腐败斗争实践进程的结果，也是国内外反腐败斗争历史经验的总结。

链　接

腐败容忍度与“社会反腐”

民众对腐败的容忍度，就是社会公众对腐败的接受程度。研究腐败容忍度有助于揭示一个社会及其文化内生腐败的重要原因，也对如何从社会层面自下而上有效遏制腐败即“社会反腐”具有现实意义。自上而下的制度反腐固然重要，如何营造廉洁的社会风气以确保反腐败的成功更是一个亟待解决的问题。香港大学教授公婷、香港城市大学博士后肖汉宇基于对1025名香港市民的问卷调查，对香港民众对腐败容忍度进行了多维度的分析，得出了一些重要结论。

第一，教育程度是影响市民对腐败容忍度的一个关键因素。一般来讲，教育水平越高，对腐败的容忍度就越低。基于香港的调查也证实了教育水平与腐败容忍度之间的关系。这有着一定的政策意义：进一步的反腐败工作要加大对市民的教育。

第二，腐败经历与腐败容忍度的关系同样值得注意。腐败经历是一把双刃剑，具有两面性，可以对腐败容忍度产生双向影响。对腐败耳濡目染较多或直接经历过腐败的人，可能会对腐败习以为常，持较高的容忍度，听之任之。而腐败经历也会使人们认识到其危害性，从而降低对腐败的容忍度。可以肯定的是，在一个腐败盛行的社会，如果腐败成为人们生活的一部分甚至成为生存手段的话，那么，腐败经历只会使得腐败更加“合理化”，而人们也只能自觉或不自觉地接受腐败。在这种情形下，反腐败的难度就更大了。

第三，年龄对腐败容忍度的影响也值得深思。研究发现，年龄越大，对腐败的总体容忍度越低，换言之，年龄越轻，对腐败更可能会漠然视之。这是香港社会继续保持廉洁的一个忧患之处，即如何提高年轻人的反腐意识。部分青年学生对腐败问题认识不足，对一些具体的腐败情形的感知比较困惑，甚至持较高的容忍度。年轻人阅历少，对腐败问题的严重性尤其是其社会危害往往认识不足。这就对政府的反腐败工作提出了更高的要求，必须针对年轻人的特点开展廉洁教育，帮助他们自觉地提高防腐意识，并成为社会中反腐倡廉的主要力量。

（资料来源：肖汉宇、公婷：《腐败容忍度与“社会反腐”：基于香港的实证分析》，《公共行政评论》2016 年第 3 期）

我国的反腐败斗争，既有反腐败斗争的一般属性，也有鲜明的自身特色。如前所述，我国的腐败问题的严重性和危害性，从十八大以来反腐败斗争的结果已经得到说明。习近平总书记指出：“党的十八大以后，我们面临的反腐败斗争形势复杂严峻，一些领域腐败现象易发多发，一些腐败分子一意孤行，仍然没有收手，甚至变本加厉。从已经查处的案件和掌握的问题线索来看，一些腐败分子胃口之大、数额之巨、时间之长、情节之恶劣，令人触目惊心！有的地方甚至出现了‘塌方式腐败’！”[①] 面对这种情况，只着眼于思想教育是不行的，“毕其功于一役”是不可能的，必须以问题为导向，采取现实可行的反腐败斗争策略，这就是党的十八大以来以习近平同志为核心的党中央提出的全面从严治党战略，“从治标入手，把治本寓于治标之中，让党员干部因敬畏而‘不敢’、因制度而‘不能’、因觉悟而‘不想’”[②]。“治标”必须采用雷霆手段，这是因为“腐败是党内各种不良因素长期积累、持续发酵的体现，反腐败就是同各种弱化党的先进性、损害党的纯洁性的病原体作斗争。这种斗争极其复杂、极其艰难，容不得丝毫退让妥协，必须始终保持正视问题的勇气和刀刃向内的坚定，坚决割除毒瘤、清除毒源、肃清流毒，以党永不变质确保红色江山永不变色”[③]。随着反腐败斗争取得压倒性胜利，为治本赢得了时间，那就要把治本提上议事日程，廉洁文化建设作为治本之策，也就水到渠成了。这也是党的十八大以来我国党风廉政建设和反腐败斗争的发展逻辑所在。

我国腐败现象大面积发生，除了有腐败产生的普遍性因素（如制度不健全、对权力的监督制约不到位）外，也有一些自身的特殊原因，其中最为突出的是党员干部理想信念坍塌，“总开关”失灵；传统人情社会理念和行为模式的影响；围绕权力者形成的“庇护关系”大量存在；等等。与滋生腐败的土壤相关的，主要是自身的特殊原因。要解决这些问题，必须坚持无禁区、全覆盖、零容忍，以刮骨疗毒的

---

① 《习近平关于全面从严治党论述摘编》，中央文献出版社 2021 年版，第 365-366 页。

② 《习近平在中共中央政治局第四十次集体学习时强调　提高一体推进“三不腐”能力和水平　全面打赢反腐败斗争攻坚战持久战》，人民网 2022 年 6 月 18 日。

③ 《习近平在中共中央政治局第四十次集体学习时强调　提高一体推进“三不腐”能力和水平　全面打赢反腐败斗争攻坚战持久战》，人民网 2022 年 6 月 18 日。

方式严肃查处腐败分子外，同时不断深化理想信念教育，一旦时机成熟，就要针对滋生腐败的社会土壤开展深层次的净化工作，廉洁文化建设就是其中的一个重要方面。社会各方都清楚的是，查处腐败分子不容易，可以说是一场生死斗争，但铲除腐败滋生的社会土壤难度更大，因为社会土壤更多的是习以为常的观念、习惯甚至是生活方式，腐败者和反腐败者都长期生活其中，在一定程度上视其为理所当然。正因如此，党的二十大报告强调，“只要存在腐败问题产生的土壤和条件，反腐败斗争就一刻不能停，必须永远吹冲锋号”①。廉洁文化建设意味着反腐败斗争已经面向腐败滋生的社会土壤问题，这是反腐败斗争不断深化的重要表现。

链　接

党的十八大以来我国反腐败斗争积累的重要经验

2023年6月17日下午，中共中央政治局就一体推进不敢腐、不能腐、不想腐进行第四十次集体学习。中央纪委国家监委案件监督管理室主任刘美频就这个问题进行讲解，提出了工作建议。中央政治局的同志认真听取了讲解，并进行了讨论。

习近平在主持学习时发表了重要讲话。他强调，勇于自我革命是党百年奋斗培育的鲜明品格。党的十八大以来，我们在反腐败斗争中取得了显著成效、积累了重要经验。

一是构建起党全面领导的反腐败工作格局，健全了党中央统一领导、各级党委统筹指挥、纪委监委组织协调、职能部门高效协同、人民群众参与支持的反腐败工作体制机制。

---

① 《习近平著作选读》第1卷，人民出版社2023年版，第56页。

二是从治标入手，把治本寓于治标之中，让党员干部因敬畏而“不敢”、因制度而“不能”、因觉悟而“不想”。

三是始终坚持严的主基调不动摇，以零容忍态度惩治腐败，坚决遏制增量、削减存量，严肃查处阻碍党的理论和路线方针政策贯彻执行、严重损害党的执政根基的腐败问题，坚决清除对党阳奉阴违的两面人、不收敛不收手的腐败分子，深化重点领域反腐败工作，态度不变、决心不减、尺度不松。

四是扎紧防治腐败的制度笼子，形成了一整套比较完善的党内法规体系和反腐败法律体系，增强制度刚性，防止“破窗效应”，贯通执纪执法，强化综合效能，确保各项法规制度落地生根。

五是构筑拒腐防变的思想堤坝，用理想信念强基固本，用党的创新理论武装全党，用优秀传统文化正心明德，补足精神之“钙”，铸牢思想之“魂”，筑牢思想道德防线。

六是加强对权力运行的制约和监督，深化党的纪律检查体制改革、国家监察体制改革，实现党内监督全覆盖、对公职人员监察全覆盖，强化党的自我监督和群众监督，把发现问题、推动整改、促进改革、完善制度贯通起来，教育引导党员干部秉公用权、依法用权、廉洁用权、为民用权。

（资料来源：《习近平在中共中央政治局第四十次集体学习时强调　提高一体推进“三不腐”能力和水平　全面打赢反腐败斗争攻坚战持久战》，人民网2022年6月18日）

四、新时代精神文明建设和社会文明程度提升的要求

廉洁文化具有鲜明的精神文明和社会文明属性。廉洁作为人类社

会共同的美德，是精神文明的重要内容；廉洁是值得追求的美好生活方式，是社会文明的重要体现。认识新时代廉洁文化建设，不能少了精神文明和社会文明的维度。新时代廉洁文化建设不仅是全面从严治党发展的要求和必然，也是新时代我国精神文明建设的必然、社会文明程度提升的要求。

精神文明是与物质文明相对的一个概念，精神文明是人类社会优秀文化的总称，是文化发展的结晶。社会文明有广义和狭义之分，广义的社会文明是指人类社会各方面发展程度的综合，狭义的社会文明是与物质文明、精神文明、政治文明、生态文明并列的概念范畴，是指特定国家社会领域的进步程度和社会建设的积极成果，主要体现在公民文明素质、社会公共道德素养、良好社会风尚等方面，也有学者将社会文明的内容概括为社会关系文明、社会制度文明、社会行为文明、社会主体文明、社会观念文明、社会环境文明等。[①] 本书的社会文明是指狭义的社会文明，与精神文明并列。精神文明、社会文明都以思想道德建设和文化建设为基础，二者具有内在的一致性，指向的内容存在重叠，关系密不可分。

廉洁是精神文明和社会文明的共同内容和共性要求，廉洁文化建设具有思想道德建设的属性，也有社会文化建设的属性，是精神文明建设和社会文明建设的共同内容。党的二十大报告强调，新时代社会文明建设，要“实施公民道德建设工程，弘扬中华传统美德，加强家庭家教家风建设，加强和改进未成年人思想道德建设，推动明大德、守公德、严私德，提高人民道德水准和文明素养”[②]。察其具体内容，其实就是廉洁文化建设的核心内容，这虽然是社会文明建设部分的论

① 参见王康：《努力提高社会文明程度》，《中国社会科学报》2020 年 12 月 29 日。

② 《习近平著作选读》第 1 卷，人民出版社 2023 年版，第 37 页。

述，但其实也是精神文明建设的要求。习近平总书记强调，党员干部必须不断树立共产党人价值观，即忠诚老实、光明坦荡、公道正派、实事求是、艰苦奋斗、清正廉洁等价值理念，这是对党员干部廉洁文化建设的重要要求，也是精神文明建设和社会文明建设的重要内容。

建设高度的精神文明和社会文明，是党始终不变的目标和要求。2014 年 3 月 27 日，习近平主席在联合国教科文组织总部的演讲中指出："实现中国梦，是物质文明和精神文明均衡发展、相互促进的结果。没有文明的继承和发展，没有文化的弘扬和繁荣，就没有中国梦的实现。实现中国梦，是物质文明和精神文明比翼双飞的发展过程。随着中国经济社会不断发展，中华文明也必将顺应时代发展焕发出更加蓬勃的生命力。"① 2020 年 10 月 14 日，习近平总书记在深圳经济特区建立 40 周年庆祝大会上的讲话中强调："要深入开展群众性精神文明创建活动，广泛开展社会公德、职业道德、家庭美德、个人品德教育，不断提升人民文明素养和社会文明程度。要加强公共文化设施建设，推动文化产业高质量发展，更好满足人民精神文化生活新期待。"② 2022 年 4 月 13 日，习近平总书记在海南考察时殷殷嘱托："越是深化改革、扩大开放，越要加强精神文明建设。要持之以恒抓好理想信念教育，培育和弘扬社会主义核心价值观，广泛开展群众性精神文明创建活动，不断提升人民文明素养和社会文明程度。要加强诚信建设，倡导遵纪守法、诚实守信的社会风尚。"③

以中国式现代化全面推进中华民族伟大复兴，是党的二十大确立

---

①《习近平在联合国教科文组织总部发表演讲》，《人民日报》2014 年 3 月 28 日。

② 习近平：《在深圳经济特区建立 40 周年庆祝大会上的讲话》，《人民日报》2020 年 10 月 15 日。

③《习近平关于社会主义精神文明建设论述摘编》，中央文献出版社 2022 年版，第 32-33 页。

的重要方针。中国式现代化的总体目标是构建人类文明新形态，其中包含了更高形态的精神文明和社会文明，即是说，精神文明和社会文明内含于中国式现代化的本质要求中，不仅是中国式现代化的重要内容：中国式现代化不断深化的重要精神动力，也是衡量中国式现代化实现程度、中华民族伟大复兴实现程度的重要指标。

链　接

安徽徽州：淳风化俗，廉润人心

“在深入推进廉洁文化建设，弘扬社会主义先进文化整体布局中，黄山市徽州区纪委监委突出地域、行业、领域特色，将廉洁文化融入乡风文明建设、行业治理和家庭家教家风建设，切实增强社会清廉建设的针对性和有效性。”安徽省黄山市徽州区有关工作人员介绍说。

将廉洁文化融入乡风文明建设。广泛开展“推进移风易俗　弘扬时代新风”行动，建立“四会”组织，制定随礼倡导性标准，党员干部带头廉洁自律，举办婚丧喜庆酒席先行报备，控制规模，引导村民破除封建迷信、赌博败家、薄养厚葬、盲目攀比、铺张浪费等陈规陋习。岩寺镇上街社区打造“南山便民餐厅”，既解决了群众办理宴席的场地问题，又制定了移风易俗菜单和随礼倡导性标准，对随礼标准和菜的数量进行限制，让居民既有“面子”，又不失“里子”，倡树新事新办、节俭养德之风。

将廉洁文化融入行业治理。在教育系统开展“守教育初心、担育人使命、作师德表率”主题活动，组织教师签订廉洁从业承诺书、举办师德报告会、进行廉洁从教宣誓等，实行师德责任追究和师德“一票否决”制。在卫健系统开展医药购销领域和医疗服务中不正之风等专项整治，在医院公共区域张贴“拒收红包”“医药代表严禁入内”

等廉洁文化标识。

将廉洁文化融入家庭家教家风建设。紧扣“扬家风　立家规　传家训”主题，开展“弘扬革命精神，传承清廉家风”专题党课10余场，受教干部2000余人次。结合最美家庭、美丽庭院示范户等先进典型评树活动推进家风建设，评选表彰区级最美家庭、“好媳妇、好儿女、好公婆”、平安家庭和优秀家规家训。通过开展最美家风巡讲、家庭故事分享会等活动，传承和弘扬淳朴善良廉洁勤俭的良好家风。富溪乡主动挖掘光明村积庆堂谢氏家训，警示后人秉承家训，积德行善，在当地广受好评。

（资料来源：《黄山徽州：弘扬文明新风　淳风化俗廉润人心》，安徽纪检监察网2023年3月1日）

廉洁文化的提出，适应了新时代精神文明建设和社会文明建设的发展要求。党的十八大以来，以习近平总书记重要讲话精神为指引，以社会主义核心价值观为引领，以满足人民美好生活需要为导向，统筹推动文明培育、文明实践、文明创建，不断将精神文明建设、社会文明建设推向更高水平，全社会思想觉悟、道德水准、文明素养不断提升。党员干部的理想信念教育、共产党人价值观教育是精神文明建设和社会文明建设的重要组成部分，党以钉钉子的精神不断深化主题教育，树立和巩固党员、干部理想信念和全心全意为人民服务的宗旨意识，有效提升广大党员、干部的道德水平和行为操守。一方面，新时代十年精神文明建设、社会文明建设的成效，为新征程上精神文明建设、社会文明建设提出更高的目标要求打下了扎实基础，新时代廉洁文化建设就是新征程上精神文明建设、社会文明建设新的更高的目标要求。党的十九届五中全会通过《中共中央关于制定国民经济和社会发展第十四个五年规划和二〇三五年远景目标的建议》，就把“社会文明程度得到新提高”列为“十四五”时期我国经济社会发展主要目标之一；党的二十大报告将“丰富人民精神世界”作为中国式现代化的本质要求。另一方面，也要看到，精神文明建设、社会文明建设是长期的、艰巨的工作，当前我国精神文明建设、社会文明建设短板和不足还非常多，必须奉行长期主义，坚持循序渐进、逐步提升。新时代廉洁文化建设的提出，就是精神文明建设、社会文明建设循序渐进、逐步提升的结果和表现。

第三章

营造风清气正的政治生态

政治生态是政治系统各要素之间、政治系统与外部环境之间相互作用形成的联动关系，是党风、政风、社会风气的综合体现。每一个党组织、每一个党员干部都处在特定的政治生态中。古人云："与善人居，如入芝兰之室，久而不闻其香，即与之化矣；与不善人居，如入鲍鱼之肆，久而不闻其臭，亦与之化矣。"用这句话可以形象地说明政治生态无形的渗透和强大的作用。

廉洁文化与政治生态密切相关。没有好的政治生态做基础，廉洁文化就无从谈起；没有廉洁文化做指引，政治生态只能是污浊的。营造风清气正的政治生态，是新时代廉洁文化建设的重要内容和重要目标；推进新时代廉洁文化建设，必须把政治生态建设摆在重要位置。

一、政治生态与廉洁文化的内在关系

政治生态建设与廉洁文化建设息息相关，没有风清气正的政治生态，廉洁文化就在沙滩上。政治生态是一个具有鲜明政治性的学术概念，内涵复杂，但并不妨碍其成为一个街头巷尾的社会用语。必须首先厘清特定语境下政治生态的内涵，才能把握其与新时代廉洁文化建设的内在联系。

（一）中国语境下的“政治生态”

政治生态是从生态学和系统论的视角分析政治现象所形成的重要概念。生态学和系统论密不可分，生态学本身就包含系统论的视角和分析方法，政治生态理论将政治视为一个系统即政治系统，这也是政治系统论的视角和观点。与一般系统论不同的是，政治生态理论还蕴含有机体论的视角和方法，将政治视为一个类似生命有机体的系统整体，像有机体一样具有生命和活力，同时也存在生态平衡、环境污染、肌体病变等问题和挑战。“任何政治结构、政治组织，要拥有良好的发展潜质，必须具备两个先决条件，一是系统性，二是生态性，二者共同构成一个有机的生态系统。不具备系统性，或者仅有系统性而无生态性的政治构成，是不会有长久而旺盛的生命力的。”① 概而言之，从生态学和系统论的意义来讲，政治生态就是具有有机体属性的政治

① 刘京希：《政治生态论——政治发展的生态学考察》，山东大学出版社 2007 年版，第 11 页。

系统内部各要素之间、政治系统与其赖以生存的环境之间的生态关系。

在党的建设领域，“政治生态”一词是习近平总书记 2014 年 6 月 30 日中共中央政治局第十六次集体学习时提出的新时代党的建设重要概念，此后，他又在多个场合谈到政治生态问题，并从多方面进行了阐述。当下，政治生态不仅是党的建设领域高频词，而且已经跃出政治圈和学术圈，成为普罗大众使用的社会性词汇。在中国语境下，政治生态有其特定的内涵。本书论述的是新时代廉洁文化建设，着眼点是中国共产党的话语体系，因此，分析中国语境下的政治生态概念，应当以习近平总书记的相关论述为出发点。

2014 年 6 月 30 日中共中央政治局第十六次集体学习，习近平总书记第一次提出政治生态概念：“加强党的建设，必须营造一个良好从政环境，也就是要有一个好的政治生态。”①

2015 年 3 月 9 日，习近平总书记参加十二届全国人大三次会议吉林代表团审议时指出：“做好各方面工作，必须有一个良好政治生态。政治生态污浊，从政环境就恶劣；政治生态清明，从政环境就优良。政治生态和自然生态一样，稍不注意，就很容易受到污染，一旦出现问题，再想恢复就要付出很大代价。”②

2016 年 1 月 12 日，习近平总书记在十八届中央纪委六次全会上强调：“标本兼治，净化政治生态。政治生态好，人心就顺、正气就足；政治生态不好，就会人心涣散、弊病丛生。当前，有的地方和部门正气不彰、邪气不祛；‘明规矩’名存实亡，‘潜规则’大行其道；求真务实、埋头苦干的受到排挤，好大喜功、急功近利的如鱼得水。这种风气不纠正、不扭转，对干部队伍杀伤力很大。‘浇风易渐，淳

---

① 《关于“政治生态”，习近平都说了什么?》，人民网 2015 年 3 月 11 日。

② 《关于“政治生态”，习近平都说了什么?》，人民网 2015 年 3 月 11 日。

化难归。’净化政治生态同修复自然生态一样，绝非一朝一夕之功，需要综合施策、协同推进。”①

2016 年 10 月 27 日，习近平总书记在中共十八届六中全会第二次全体会议上，回顾了他提出党内政治生态的过程，对党内政治生态、党内政治生活、党内政治文化作了较为系统的分析阐述，强调指出，“党内政治生活、政治生态、政治文化是相辅相成的，政治文化是政治生活的灵魂，对政治生态具有潜移默化的影响”，“要坚持有什么问题就解决什么问题，什么问题难就重点解决什么问题，什么问题突出就着力攻克什么问题，无论解决什么问题，都要综合分析、举一反三，使每项措施、每次努力都有利于加强和规范党内政治生活，有利于净化党内政治生态”。②

2018 年 3 月 10 日，习近平总书记参加十三届全国人大一次会议重庆代表团审议时指出：“政治生态同自然生态一样，稍不注意就容易受到污染，一旦出现问题再想恢复就要付出很大代价。”③ 中共重庆市委两任主要领导人落马，一批省部级和厅局级干部严重违纪违法，政治生态遭到严重破坏。

2022 年 1 月 18 日，习近平总书记在十九届中央纪委六次全会上，系统总结了党的十八大以来党的自我革命的做法和经验，其中第一条就是“坚持以党的政治建设为统领，坚守自我革命根本政治方向”。他强调：“我们坚持把党的政治建设摆在首位，把维护党中央权威和集中统一领导作为最高政治原则，把党的领导落实到管党治党、治国

---

① 《习近平谈治国理政》第 2 卷，外文出版社 2017 年版，第 167 页。

② 《习近平著作选读》第 1 卷，人民出版社 2023 年版，第 523、526 页。

③ 《习近平总书记关于营造风清气正的良好政治生态重要论述摘录》，人民网 2018 年 4 月 24 日。

理政各领域各方面各环节，严明政治纪律和政治规矩，强化政治监督、深化政治巡视，坚决防止和治理‘七个有之’，坚决清除对党中央阳奉阴违的两面人、两面派，不断净化党内政治生态。”①

总结梳理习近平总书记的相关讲话，可就中国语境下的政治生态的内涵、特征等得出几点结论：

第一，政治生态主要是针对党组织和党员干部，围绕公权力的行使而形成的。政治生态首先指向的是政治主体，党组织和党员干部是政治生态最重要的主体，也是政治生态直接的影响对象。政治的核心是权力，政治生态是围绕政治主体所掌握的公权力的运作形成的，政治生态在不知不觉中地影响着公权力运作。有学者将政治生态界定为“政治主体在一定的政治环境下的生存方式，以及在此政治环境下养成的政治习性，同时也指政治主体在一定的政治环境下生存和发展的状态”②，明确指出了政治生态的基本点是政治主体的生存方式和发展状态，是有道理的。

第二，宽泛地讲，中国语境下的政治生态就是指党员干部的从政环境。从政环境包括政治理念、政治规则（包括明规则和潜规则）、政治文化、交往关系、政治氛围等。具体来说，中国语境下的政治生态就是指党员干部从政所面对的政治理念、政治规则、政治文化、交往关系、政治氛围等各方面要素的总称。

第三，政治生态有良好和污浊之分。良好政治生态的基本标准是

---

① 习近平：《全面从严治党探索出依靠党的自我革命跳出历史周期率的成功路径》，《求是》2023 年第 3 期。“七个有之”具体是指：搞任人唯亲、排斥异己的有之；搞团团伙伙、拉帮结派的有之；搞匿名诬告、制造谣言的有之；搞收买人心、拉动选票的有之；搞封官许愿、弹冠相庆的有之；搞自行其是、阳奉阴违的有之；搞尾大不掉、妄议中央的也有之。“七个有之”是党内政治生态异化、恶化的集中表现。

② 郝宇青：《“政治生态”的内涵解读》，《探索与争鸣》2015 年第 11 期。

“积极向上、干事创业、风清气正”，建设良好政治生态是全面从严治党的重要目标。污浊的政治生态表现非常多，典型的有权欲熏心、阳奉阴违、结党营私、团团伙伙、拉帮结派、“两面人两面派”、失德失范等。

第四，政治生态建设属于党的政治建设范畴。政治建设是统领性建设，党内政治生态建设地位非常重要，是固本强基的基础性工作，是推进党的自我革命（自我净化、自我完善、自我革新、自我提高）的重要内容。“营造良好政治生态是一项长期任务，必须作为党的政治建设的基础性、经常性工作，浚其源、涵其林，养正气、固根本，锲而不舍、久久为功。”①

第五，政治生态的核心是党内政治文化。政治文化直接表现为党风、政风和社会风气。“党内政治文化‘日用而不觉’，潜移默化影响着党内政治生态”②，必须以良好的政治文化涵养风清气正的政治生态。

党内政治生态具有三个突出的特点：其一，地位重要，意义重大。党内政治生态属于政治建设范畴，政治建设在党的建设格局中居于统领的地位，这也说明了党内政治生态建设的重要地位。此外，就党内政治生态本身而言，它是围绕公权力的运作形成的，直接影响的对象是作为“关键少数”“执政骨干”的党员干部，在国家政治生活中、在党的建设中具有基础性的地位。概而言之，党内政治生态建设地位极其重要，意义极为重大。其二，渗透性强，潜移默化。党内政治生态以“日用而不觉”的方式对党员干部产生影响，作用方式非常隐蔽，但影响效果非常大。其三，破坏容易建设难。实践表明，建设良

① 《习近平著作选读》第 2 卷，人民出版社 2023 年版，第 185 页。

② 《习近平著作选读》第 2 卷，人民出版社 2023 年版，第 185 页。

好的政治生态难度极大，但政治生态的破坏非常容易，政治生态一旦遭到破坏，重建的难度更大。遭到破坏的政治生态要重建，必须采用强力反腐的雷霆手段，重建的成本非常高。习近平总书记将“如何始终保持风清气正的政治生态”作为中国共产党六个大党独有难题之一，深刻说明政治生态建设的艰巨性。

链　接

新时代政治生态建设向更深层次发力

党的十八大以来，中国特色社会主义进入新时代，党在新时代的新风险、新挑战增加，加强党内政治生态建设是履行历史使命、应对重大风险和挑战的必要举措。新时代党内政治生态建设向强化组织纪律、构筑体制机制、筑牢思想防线、坚持腐败零容忍等方面展开。

就党纪党规而言，党的十八大以来，新修订了《中国共产党章程》，提出以“明规矩”破“潜规则”，强调纪律建设是全面从严治党之本，要求严肃党内政治生活。又颁布了《关于新形势下党内政治生活的若干准则》《中国共产党廉洁自律准则》，要求党员干部强化政治纪律、组织纪律、群众纪律、生活纪律，严格遵守党纪党规、开展批评与自我批评。

就体制机制而言，“将权力装进制度的笼子里”是党的十八大以来党内政治生态建设的鲜明导向，在法律法规方面，先后制定了《党政机关厉行节约反对浪费条例》《中国共产党问责条例》等，规范党员干部的行为，使其树立廉洁奉公、艰苦朴素、崇廉拒贪的观念意识。建立健全了巡视制度、党内组织生活制度、问责制度。深化国家监察体制改革，颁布了《监察法》，实现了对包括党员干部、行政人员、事业单位人员监察的全覆盖，实现了党内监察和党外监察相结合。

就筑牢思想防线而言，要求用习近平新时代中国特色社会主义思想武装头脑，开展了“三严三实”专题教育、“不忘初心、牢记使命”主题教育以及反腐倡廉教育，开展了理想信念教育，培育和践行社会主义核心价值观等。

整体而言，这一时期党内政治生态建设在完善反腐倡廉体系建设的基础上，向营造良好的从政环境转变，不仅针对体制机制、法律法规、组织纪律等，还从党风、政风、社风整体环境的营造着手，从更深层次上发力党内政治生态建设，有效推动了伟大工程、伟大事业、伟大斗争的进行，并积极保障伟大梦想的实现。

（资料来源：《党的政治生态建设历程及经验》，《北京日报》2019年8月5日）

（二）政治生态在廉洁文化建设中的地位和意义

要厘清政治生态建设在廉洁文化建设中的地位和意义，需先分析政治生态与廉洁文化之间的关系。政治生态与廉洁文化之间的关系，可从以下三个方面来理解：

其一，从两者的内涵来理解。廉洁文化是以廉洁为核心价值的文化形态，是关于廉洁的理念、习惯、思维方式、制度以及与之相对应的行为规范、生活方式的总和；中国语境下的政治生态是指党员干部的从政环境及其在从政环境中的生存状态和发展方式。可见，廉洁文化和政治生态是不同的两个概念，但两者的联系也显而易见：廉洁文化内含的理念、习惯、思维方式、制度、生活方式、行为规范等，其实也构成了政治生态所指向的从政环境以及党员干部的生存状态、个人发展方式，两者指向的内容密切联系，还有一些重叠。

其二，从两者的属性来理解。廉洁文化是一种政治文化，也是一种生活方式，这是廉洁文化的基本属性；政治生态的核心是政治文化，表现为党风、政风和社会风气的综合，与党员干部的生存方式、生活方式密切相关，也属于政治文化范畴。简言之，廉洁文化和政治生态在属性上具有内在的一致性。

其三，从两者的功能来理解。首先需要明确的是，政治生态是一个中性词，廉洁文化是一个褒义词。政治生态有优良和污浊之分，廉洁文化是积极正面的，因此，这里只讨论良好政治生态。廉洁文化和良好政治生态具有相同或相似的功能，比如，两者都具有教育、引导、涵养等功能，能够指引党组织和党员干部按照法律法规和党的要求思考和行动；更为重要的是，两者的功能发挥方式都是潜移默化的，能够润物无声，“日用而不觉”。

链　接

党内政治生态不良的主要表现

入职凭关系：典型表述如“能力不如关系，拼搏不如拼爹”。资源分配主要依赖权力依附关系，不仅入职晋升靠关系，入园、升学、办企业、上项目、买房子、找工作、演出、出国等各种机会都要凭关系。有关系走遍天下、无关系寸步难行的政治生态，不仅破坏正常的秩序，而且助长人们去经营关系，天长日久，帮派意识、圈子文化必然兴起，最终导致普遍的机会主义、权钱交易和人身依附现象。

做人无原则：典型表述如“多栽花少挑刺”“批评上级放礼炮，批评同级放哑炮，批评下级放空炮”。行为者的态度主要不是基于某种公认的价值和既定的规则，而是源于是否于己有利的功利考量。官员把“圆滑”视为成熟，回避矛盾，好人主义，面对是非不开口、遇到矛盾绕着走，最初是放弃原则和标准的坚守，最终是不相信有原则和标准应该坚守。

做事搞投机：代表性的说法是“琢磨事不如琢磨人”“干的不如看的，做事不如作秀”。大量的案例显示，主官热衷于投机钻营、表演作秀，甚至弄虚作假，为了做出让上级领导容易看到的“政绩”，不顾经济条件和发展现实，不惜举债集资，甚至挪用救灾款，去建设“大广场”“大公园”和“地标建筑”等“形象工程”。数字出官、官出数字，上下左右互相攀比，以致层层作假，严重损害政府公信力。

晋升逆淘汰：代表性的说法是“不跑不送，原地不动；只跑不送，暂缓使用；又跑又送，提拔重用”。在官员晋升中，个别行业和个别部门中走后门拉关系的行为个案，逐渐演变成了较为普遍的“劣币驱逐良币”现象。

（资料来源：燕继荣：《政治生态是怎么被污染的》，《探索与争鸣》2015 年第 11 期）

廉洁文化建设与党内政治生态建设相辅相成、相互支撑、相互促进，廉洁文化建设离不开政治生态建设的推动，政治生态建设离不开廉洁文化的涵养。对新时代廉洁文化建设而言，政治生态建设具有三方面的价值和意义：

第一，政治生态建设在新时代廉洁文化建设中具有基础性的地位。常言道，覆巢之下无完卵。生态的作用是全方位、基础性的。正如习近平总书记所言：“政治生态好，党内就会正气充盈；政治生态不好，党内就会邪气横生。”① 政治生态优良，廉洁文化就有了根基，廉洁文化建设就能够较为顺利地推进；政治生态恶劣，党员干部生存环

① 《习近平著作选读》第 2 卷，人民出版社 2023 年版，第 185 页。

境恶劣，“劣币驱逐良币”的现象就会不断发生，身处其中的党员干部和社会公众思想、行为就会异化，廉洁价值观就得不到支持和弘扬，廉洁文化建设就会步履维艰。新时代廉洁文化建设，必须首先消除政治文化中的消极面，营造积极向上、干事创业、风清气正的良好政治生态。

第二，政治生态建设在新时代廉洁文化建设中具有抓手和切入点的作用。廉洁文化建设需要抓手，需要切入点和突破口，政治生态建设能够具有抓手和切入点的功能。其一，政治生态建设的内容也是新时代廉洁文化建设的有效路径。政治生态建设的内容主要有加强理想信念教育、严明党纪、树立正确的用人导向、严肃党内政治生活、强力惩处腐败、强化制度建设、批判和消解错误价值观，等等，这些都是新时代廉洁文化建设的有效路径。其二，政治生态建设的方法与新时代廉洁文化建设具有一致性。政治生态建设主要有思想教育的方法、党员干部选拔任用监督管理的方法、制度规约的方法、反腐败斗争的方法等，这也是新时代廉洁文化建设的重要方法。

第三，政治生态建设在新时代廉洁文化建设中发挥着推动力的作用。政治生态如何，直接关系党组织和党员干部的行为选择。政治生态好，好人可以放心做好事，坏人不敢做坏事；政治生态不好，不但坏人可以肆无忌惮地做坏事，甚至好人也会变成坏人。政治生态的好坏对党组织和党员干部来说是如此重要，因此，党中央对政治生态建设祭出重拳，对政治生态的破坏者毫不留情予以惩治，充分彰显政治生态建设的刚性，这恰恰是廉洁文化建设需要借助的。比如，党规党纪是管党治党的“戒尺”，是党内政治生态建设的基础和依据，习近平总书记强调：“要把纪律建设摆在更加突出位置，党规制定、党纪教育、执纪监督全过程都要贯彻严的要求，既让铁纪‘长牙’、发威，又让干部重视、警醒、知止，使全党形成遵规守纪的高度自觉。”① 让铁纪“长牙”、发威，对廉洁文化建设来说意义极为巨大。简言之，政治生态建设的刚性，对天生就“柔”的廉洁文化建设来讲具有特殊的推动作用。

链　接

湖南省娄底市破坏政治生态系列案件

龚武生，2011 年 12 月至 2016 年 3 月任娄底市委书记；2016 年 3 月，李荐国由娄底市市长接任娄底市委书记。2020 年 5 月和 6 月，他们先后被湖南省纪委监委采取留置措施。他们主政娄底的 8 年，给这座城市的政治生态和营商环境带来了严重的负面影响。娄底的政治生态在龚武生、李荐国主政时期被严重破坏。选人用人不正，攀附之风盛行，龚武生、李荐国频频插手土地出让、工程建设、药品采购，这些领域乱象环生。

娄底市中心医院见证了这两任市委书记是如何“接力”从医院捞取好处的。2013 年，龚武生向时任院长肖扬打招呼，帮助和自己关系密切的老板陈军江拿到了药品配送业务，背后收受了陈军江 300 万元贿赂。2016 年，李荐国接任龚武生，中心医院很快迎来了新任市委书记介绍的新关系户。一个做医药销售的老板曹峰认识李荐国的弟弟李建芸，向他们提出“长期合作方案”——只要能帮他的业务进入中心医院，就每年分给李家兄弟巨额利润。李荐国欣然应允，亲自组局约时任院长肖扬和李建芸、曹峰一起吃饭，请肖扬多多关照曹峰。到李荐国案发时，李建芸已经从曹峰那里拿到了 1020 万元。

---

① 《一刻不停推进全面从严治党　保障党的二十大决策部署贯彻落实》，《人民日报》2023 年 1 月 10 日。

身为市委书记，李荐国却满脑子装的都是生意经，娄底的重大工程也被他拿来“待价而沽”。他频频插手干预工程项目，在智慧娄底建设、娄底市智能交通系统建设、中心城区道路改造工程、娄底市强制戒毒所就地新建、新化县职业中专扩建等多个项目中，都向相关领导干部打招呼，遇到他认为“不懂事”的干部，就施加压力、排挤打压。“一把手”的这种做派，严重破坏了正确的选人用人导向，严重污染当地政治生态。

政治生态出了问题，必须从根本上进行治理。除了龚武生、李荐国，湖南省纪委监委还先后查处了娄底市原市长杨懿文、原副市长王成良等，娄底市纪委监委查处县处级干部 70 余人，运用“四种形态”批评教育帮助和处理 400 余人次。同时，湖南省纪委监委深入分析娄底市发生系列严重违纪违法问题的原因，督促娄底市委制定政治生态整治方案，一项一项抓整改落实。

（资料来源：《湖南省娄底市政治生态系列案件》，共产党员网 2023 年 1 月 9 日）

二、坚定信仰信念信心

2018 年 12 月 18 日，庆祝改革开放 40 周年大会在北京召开，习近平总书记在大会讲话中强调：“信仰、信念、信心，任何时候都至关重要。小到一个人、一个集体，大到一个政党、一个民族、一个国家，只要有信仰、信念、信心，就会愈挫愈奋、愈战愈勇，否则就会不战自败、不打自垮。”[①] 《关于加强新时代廉洁文化建设的意见》强调，

① 习近平：《在庆祝改革开放 40 周年大会上的讲话》，《人民日报》2018 年 12 月 19 日。

推进新时代廉洁文化建设，要“坚定信仰信念信心，筑牢拒腐防变思想防线。让我们党倡导的理想信念、价值理念、优良传统深入党员、干部思想和心灵，转化为廉洁自律的内在动力”。信仰信念信心是构建良好党内政治生态的精神基础和内在动力，坚定信仰信念信心是廉洁文化建设的内在要求。

（一）不断深化理想信念建设

习近平总书记强调：“坚定理想信念，坚守共产党人精神追求，始终是共产党人安身立命的根本。”[①] 邓小平曾讲：“过去我们党无论怎样弱小，无论遇到什么困难，一直有强大的战斗力，因为我们有马克思主义和共产主义的信念。有了共同的理想，也就有了铁的纪律。无论过去、现在和将来，这都是我们的真正优势。”[②] 理想信念在党内政治生态建设中居于核心位置，党员干部“没有理想信念，理想信念不坚定，精神上就会‘缺钙’，就会得‘软骨病’”[③]。推进党内政治生态建设，加强新时代廉洁文化建设，要不断深化党员干部理想信念建设。

不断提高马克思主义理论素养。共产主义远大理想、社会主义信念是建立在马克思主义这一科学的理论基础上的，反映的是人类社会的发展规律，理论素养高，理想信念才能坚定。习近平总书记曾经介绍自己阅读马克思主义经典著作的体验：“阅读经典著作，本身就是增长知识、开阔眼界、增加思想深度和训练思维方式的过程，就是培养高瞻远瞩的战略洞察力和脚踏实地的工作作风的过程，会使我们在

① 《习近平谈治国理政》，外文出版社2014年版，第15页。

② 《邓小平文选》第3卷，人民出版社1993年版，第144页。

③ 《习近平谈治国理政》，外文出版社2014年版，第15页。

潜移默化中受到他们崇高风范和人格力量的熏陶，从而实现自己思想境界和道德情操的升华。”① 党员干部要加强马克思主义基础理论和党的创新理论的学习，不断提高自身马克思主义理论水平，夯实理想信念建设的理论根基。

不断增强党性修养。党性就是党员干部的先进性、纯洁性、纪律性，党性修养是中国共产党区别于普通社会公众的根本标志。增强党性修养和加强理想信念建设是一致的：增强党性修养是理想信念建设的重要目标，理想信念建设需要党性修养的助力。党员干部不断增强党性修养，精神上就会持续“补钙”，就有更高的政治站位、更大的人生格局、更勇敢的事业担当，内心世界就更加强大，就能够在政治上经得起各种风浪考验，在政治方向、政治立场、政治言论、政治行为方面守好规矩，不会走偏、走岔；就能够有更好的免疫力、抵抗力，顶得住金钱、权力、美色的诱惑，时时提醒自己对党的承诺、对家庭的责任，谨守党纪国法和社会道德要求。各级党组织和党员干部要通过有效的党内政治生活特别是组织生活“咬耳扯袖、红脸出汗”，通过各种艰苦的工作实践，不断提升党员干部的党性修养，增强“四个意识”、坚定“四个自信”、做到“两个维护”。

不断深化对理想信念标准的认识。实践表明，没有或提不出客观的衡量标准，给理想信念建设带来了不少难题：一方面，理想信念建设“宽松软”，严不起来，变成了“务虚”；另一方面，出现了不少“两面派”“两面人”，当面一套、背后一套，口号喊得震天响，但内心并不真正相信、更不践行。在一段时期，理想信念建设领域这种现象比较普遍。针对这种情况，习近平总书记明确指出：“衡量一名共

① 《习近平在中央党校春季学期第二批入学学员开学典礼上强调：认真学习马克思主义经典著作，不断推进中国特色社会主义事业》，《学习时报》2011 年 5 月 16 日。

产党员、一名领导干部是否具有共产主义远大理想，是有客观标准的，那就要看他能否坚持全心全意为人民服务的根本宗旨，能否吃苦在前、享受在后，能否勤奋工作、廉洁奉公，能否为理想而奋不顾身去拼搏、去奋斗、去献出自己的全部精力乃至生命。一切迷惘迟疑的观点，一切及时行乐的思想，一切贪图私利的行为，一切无所作为的作风，都是与此格格不入的。”① 在 2013 年 6 月召开的全国组织工作会议上，习近平总书记提出，和平年代检验一个党员干部的理想信念是否坚定不移，“主要看干部是否能在重大政治考验面前有政治定力，是否能树立牢固的宗旨意识，是否能对工作极端负责，是否能做到吃苦在前、享受在后，是否能在急难险重任务面前勇挑重担，是否能经得起权力、金钱、美色的诱惑”②。我们要认真学习把握习近平总书记关于党员干部理想信念标准的论述，在实践中做好“对标对表”。

链　接

习近平总书记论读书学习

理想信念的树立要学习和实践，对马克思主义经典著作的阅读和学习是基础。习近平总书记对读书、学习有非常多的精辟论述，下面是几段极具启发意义的论述。

“谈到爱好，我个人爱好阅读、看电影、旅游、散步。你知道，承担我这样的工作，基本上没有自己的时间。今年春节期间，中国有一首歌，叫《时间都去哪儿了》。对我来说，问题在于我个人的时间都去哪儿了？当然是都被工作占去了。现在，我经常能做到的是读书，

① 《十八大以来重要文献选编》（上），中央文献出版社 2014 年版，第 116 页。

② 《十八大以来重要文献选编》（上），中央文献出版社 2014 年版，第 340 页。

读书已成了我的一种生活方式。读书可以让人保持思想活力，让人得到智慧启发，让人滋养浩然之气。”①

“一个政党必须有自己的政治灵魂。中国共产党的理想信念，就是马克思主义真理信仰，共产主义远大理想，中国特色社会主义共同理想。领导干部要结合学习领会新时代中国特色社会主义思想，多读、精读一些马克思主义经典作家的著作，多读、精读一些马克思主义中国化的经典篇章，掌握贯穿其中的马克思主义立场观点方法，将其内化于心，真正做到对马克思主义虔诚而执着、至信而深厚，真正让理想信念成为自己心中的灯塔，凝聚精气神的灵魂。”②

“中国共产党人是马克思主义者，坚持马克思主义的科学学说，坚持和发展中国特色社会主义，但中国共产党人不是历史虚无主义者，也不是文化虚无主义者。我们从来认为，马克思主义基本原理必须同中国具体实际紧密结合起来，应该科学对待民族传统文化，科学对待世界各国文化，用人类创造的一切优秀思想文化成果武装自己。在带领中国人民进行革命、建设、改革的长期历史实践中，中国共产党人始终是中国优秀传统文化的忠实继承者和弘扬者，从孔夫子到孙中山，我们都注意汲取其中积极的养分。”③

“我多次强调，中国共产党人依靠学习走到今天，也必然要依靠学习走向未来。全党同志要跟上时代步伐，不能身子进了新时代，思想还停留在过去，看问题、作决策、推工作还是老观念、老套路、老办法。这样的话，不仅会跟不上时代、做不好工作，而且会贻误时机、耽误工作。这个问题必须引起全党同志特别是各级领导干部高度重视。

① 《习近平著作选读》第1卷，人民出版社2023年版，第222–223页。

② 《习近平著作选读》第2卷，人民出版社2023年版，第119–120页。

③ 《习近平著作选读》第1卷，人民出版社2023年版，第282–283页。

与时俱进不要当口号喊，要真正落实到思想和行动上，不能做‘不知有汉，无论魏晋’的桃花源中人！”①

（二）坚持抓好党的创新理论学习

党的十八大以来，“我们创立了新时代中国特色社会主义思想，明确坚持和发展中国特色社会主义的基本方略，提出一系列治国理政新理念新思想新战略，实现了马克思主义中国化时代化新的飞跃，坚持不懈用这一创新理论武装头脑、指导实践、推动工作，为新时代党和国家事业发展提供了根本遵循”②。习近平新时代中国特色社会主义思想是21世纪马克思主义、当代中国马克思主义，是党内政治生态建设和新时代廉洁文化建设的科学理论指引。

认真学习领会习近平新时代中国特色社会主义思想，是每一位共产党员的光荣义务。2023年4月1日，《中共中央关于在全党深入开展学习贯彻习近平新时代中国特色社会主义思想主题教育的意见》印发，对在全党深入开展学习贯彻习近平新时代中国特色社会主义思想主题教育进行了具体部署，强调要做到“以学正风”“以学增智”“以学铸魂”“以学促干”，坚持学思用贯通、知信行统一。

结合党内政治生态建设和新时代廉洁文化建设，学习习近平新时代中国特色社会主义思想，要注意以下三点：

第一，深刻把握党的创新理论学习总要求。主题教育的总要求是“学思想、强党性、重实践、建新功”，这其实也是学习党的创新理论的总要求。学思想，就是要全面学习领会习近平新时代中国特色社会

① 《习近平著作选读》第2卷，人民出版社2023年版，第300页。

② 《习近平著作选读》第1卷，人民出版社2023年版，第5-6页。

主义思想，全面系统掌握这一思想的基本观点、科学体系，把握好这一思想的世界观、方法论，坚持好、运用好贯穿其中的立场观点方法，不断增进对党的创新理论的政治认同、思想认同、理论认同、情感认同，真正把马克思主义看家本领学到手，自觉用习近平新时代中国特色社会主义思想指导各项工作。强党性，就是要自觉用习近平新时代中国特色社会主义思想改造主观世界，深刻领会这一思想关于坚定理想信念、提升思想境界、加强党性锻炼等一系列要求，始终保持共产党人的政治本色。重实践，就是要自觉践行习近平新时代中国特色社会主义思想，用以改造客观世界、推动事业发展，用以观察时代、把握时代、引领时代，积极识变、应变、求变，解决经济社会发展和党的建设中存在的各种矛盾问题，防范化解重大风险，推动中国式现代化取得新进展新突破。建新功，就是要从习近平新时代中国特色社会主义思想中汲取奋发进取的智慧和力量，熟练掌握其中蕴含的领导方法、思想方法、工作方法，不断提高履职尽责的能力和水平，凝心聚力促发展，驰而不息抓落实，立足岗位作贡献，努力创造经得起历史和人民检验的实绩。[①] 我们要在党的创新理论学习中深刻领会，真正学深学透党的创新理论，为净化党内政治生态、推动新时代廉洁文化建设打下扎实的思想基础。

第二，高度重视正确权力观、政绩观、事业观的养成。权力观、政绩观、事业观是直接影响政治生态的重要因素，有了正确的权力观、政绩观、事业观，才会有风清气正的党内政治生态；培养正确的权力观、政绩观、事业观，是党内政治生态建设的重要目标和内容。权力观是党员干部对权力的来源、权力的属性、权力的目的、如何使用权

---

① 参见习近平：《在学习贯彻习近平新时代中国特色社会主义思想主题教育工作会议上的讲话》，《求是》2023 年第 9 期。

力等问题的认知。正确的权力观是要明确权力来自人民，权力为了人民，权力姓公不姓私，行使权力必须合法合规。政绩观是党员干部对何谓政绩、政绩的目的、政绩如何取得等问题的认识。正确的政绩观是以人民为中心、满足人民美好生活需要的政绩观，政绩必须是实实在在、不掺水分的成绩，政绩的获得靠创新和苦干而不是走所谓“捷径”，把为老百姓做了多少好事实事作为检验政绩的重要标准。事业观是党员干部对党和国家事业认知、对个人事业认知的总称。正确的事业观是将个人事业融入党和国家事业、个人事业靠奋斗获得而不是走捷径，为民办事、为民造福是最重要的事业，对待个人事业要有“功成不必在我”的坦荡胸怀和“功成必定有我”的历史担当。习近平新时代中国特色社会主义思想科学回答了什么是正确的权力观、政绩观、事业观，必须认真学习领会，深刻反思权力观、政绩观、事业观上存在的偏差，提振锐意进取、担当有为的精气神。

第三，认认真真打扫“政治灰尘”。毛泽东曾说：“有无认真的自我批评，也是我们和其他政党互相区别的显著的标志之一。我们曾经说过，房子是应该经常打扫的，不打扫就会积满了灰尘；脸是应该经常洗的，不洗也就会灰尘满面。我们同志的思想，我们党的工作，也会沾染灰尘的，也应该打扫和洗涤。”[①] 党内政治生态建设的一个重要方法和任务，就是同志之间坦诚相见，认真开展批评和自我批评，查不足、找差距、明方向，接受“政治体检”，打扫“政治灰尘”，纠正行为偏差，不断推进党的自我净化、自我完善、自我革新、自我提高。要清醒认识到，在思想、作风、组织等事关政治生态的问题上，一些党员干部还存在不少问题，有些问题仍然严重。正如习近平总书记指出的：“党内存在的思想不纯、组织不纯、作风不纯等突出问题尚未

---

① 《毛泽东选集》第3卷，人民出版社1991年版，第1096页。

得到根本解决，一些已经解决的问题有可能死灰复燃，一些新的问题还在不断出现。比如，一些地方和部门贯彻落实党中央决策部署不到位，要么简单化、‘一刀切’，照抄照搬、上下一般粗，要么做选择、搞变通、打折扣，不顾大局、搞部门和地方保护主义；享乐主义、奢靡之风不时抬头，隐形变异行为潜滋暗长，铲除形式主义、官僚主义顽疾还任重道远；一些党组织政治功能、组织功能不强，党建引领基层治理作用发挥还不充分；反腐败斗争形势依然严峻复杂，遏制增量、清除存量的任务依然艰巨，等等。”[①] 这些“政治灰尘”“政治顽疾”如果不能被打扫和清除，必然会对党内政治生态和新时代廉洁文化建设产生消极影响。

（三）持续推动“四史”学习教育

“四史”即党史、新中国史、改革开放史、社会主义发展史。历史是最好的“教科书”，也是最好的“营养剂”“清醒剂”。“四史”蕴含着丰富的历史经验和宝贵的精神财富，为党内政治生态建设和新时代廉洁文化建设提供了丰富的资源，是全党全社会特别是党员干部一门必须修好的必修课。正如习近平总书记所言：“世界上没有哪个党像我们这样，遭遇过如此多的艰难险阻，经历过如此多的生死考验，付出过如此多的惨烈牺牲。一百年来，在应对各种困难挑战中，我们党锤炼了不畏强敌、不惧风险、敢于斗争、勇于胜利的风骨和品质。”“这些宝贵精神财富跨越时空、历久弥新，集中体现了党的坚定信念、根本宗旨、优良作风，凝聚着中国共产党人艰苦奋斗、牺牲奉献、开拓进取的伟大品格，深深融入我们党、国家、民族、人民的血脉之中，

① 习近平：《在学习贯彻习近平新时代中国特色社会主义思想主题教育工作会议上的讲话》，《求是》2023年第9期。

为我们立党兴党强党提供了丰厚滋养。”① 《关于加强新时代廉洁文化建设的意见》强调：“巩固拓展党史学习教育成果，统筹推进党史、新中国史、改革开放史、社会主义发展史宣传教育。”

结合党内政治生态建设和新时代廉洁文化建设，“四史”学习应重点关注三个方面：

第一，从历史规律和历史经验的高度，深化对党内政治生态建设和廉洁文化建设的认识。党内政治生态建设、新时代廉洁文化建设的提出，不仅有现实的必要性和紧迫性，也有充分的历史依据。翻开党史、新中国史、改革开放史、社会主义发展史，无不可以佐证党内政治生态建设和新时代廉洁文化建设的极端重要性。比如，党的百年奋斗历程深刻表明，哪个年代党内政治生态好，党的事业发展就顺利；哪个年代党内政治生态出现恶化，党的事业就会出现大的曲折。苏共垮台、苏联解体的悲剧表明，政治生态与清正廉洁是高度正相关的关系，政治生态污浊，假话空话大话就畅通无阻，贪污腐败就会滋长横行，长此以往，政党就会变质，亡党亡国的悲剧必然发生。这些都是饱含着历史经验教训的活生生例子，我们要从共产党执政规律、社会主义建设规律、人类社会发展规律的高度来深刻认识，汲取其中的经验教训，真正领会营造风清气正的政治生态、建设廉洁文化的意义所在。

第二，充分挖掘“四史”中的政治生态建设、廉洁文化建设的历史资源。“四史”中有关政治生态建设、廉洁文化建设的内容非常多，蕴含着丰富的教育资源。收集整理和开发利用这些资源，使之服务于新时代党的政治生态和廉洁文化建设，善莫大焉。特别是党史、新中国史，相关的资源尤为丰富，也有很好的学术研究基础，收集利用非常便利。

① 《习近平著作选读》第2卷，人民出版社2023年版，第423、424页。

链　接

党在延安时期建设了“一个好的政治生态”

延安时期，中国共产党培育了“坚持真理，修正错误”的理论勇气和政治勇气。1945 年，党的七大在延安召开，会场两侧悬挂着六个插着鲜红党旗的旗座，每个旗座上都写着“坚持真理，修正错误”。毛泽东同志对这八个大字的解释是：“共产党人必须随时准备坚持真理，因为任何真理都是符合于人民利益的；共产党人必须随时准备修正错误，因为任何错误都是不符合于人民利益的。”这八个大字把党的群众观点与工作方法和领导方法紧密结合起来，成为延安时期党的事业“转危为安、转败为胜”的根本动因和凝聚民心的力量源泉。

延安时期，中国共产党塑造了“眼睛向下”“不尚空谈”的实干作风。1941 年 3 月，毛泽东同志在给《农村调查》写的序中强调，共产党人不仅仅要“昂首望天”，还要“眼睛向下”，要给人民群众“当学生”，同时“必须恭谨勤劳和采取同志态度”，否则一辈子不会真正懂得中国的事情。1941 年底，当被请示中央党校的校训是什么时，毛泽东同志回答：应是“实事求是，不尚空谈”。1942 年 3 月 8 日，毛泽东同志特意给《解放日报》写下了“深入群众，不尚空谈”的题词。1945 年，毛泽东同志在七大纪念册上又题了“实事求是，力戒空谈”八个大字。在“不尚空谈”“力戒空谈”的准则指引下，延安时期共产党人“他们的态度是积极的，在他们的思想中、行动中，没有丝毫消极态度。他们完全不怕困难，他们像生龙活虎一般能够征服一切困难”，去创造性、负责任地开展工作，完成任务。

延安时期，中国共产党发扬了“保卫祖国”“解放人民”的担当精神。延安 13 年，中国共产党以满腔热血和无限英勇担当起了“保卫祖国”和“解放人民”的历史重任。这种担当精神，有着为民族、为国家、为人民奉献鲜血乃至生命的斗争，有着不计前嫌与国民党携手抗战的大局观，也有着“在世界上最小的司令部里指挥了最大的战争”的豪迈。正是有了这种担当精神，中国共产党才成为历史和人民的选择。

延安时期，中国共产党始终坚持了“共产党员犯法从严治罪”的理念。从枪毙因恋爱不成枪杀恋人的黄克功，到严惩贪污的肖玉璧，都生动地体现了中国共产党从严治党以及在边区依法执政的理念。1937 年 10 月 10 日，毛泽东在致边区高等法院院长雷经天的信中强调：“正因为黄克功不同于一个普通人，正因为他是一个多年的共产党员，是一个多年的红军，所以不能不这样办。共产党与红军，对于自己的党员与红军成员不能不执行比较一般平民更加严格的纪律。”《陕甘宁边区政务人员公约》明确要求，政务人员要“公正廉洁，奉公守法”，“这是我们政务人员应有的品格，要在品行道德上成为模范，为民表率。要知法守法，不滥用职权，不假公济私，不耍私情，不贪污，不受贿，不赌博，不腐化，不堕落”。这些规定，充分体现了党要管党、从严治党的理念。

（资料来源：崔智林、谭虎娃：《党在延安时期建设了“一个好的政治生态”》，《红旗文稿》2015 年第 16 期）

第三，通过“四史”学习加强党的光荣传统和优良作风教育。党的光荣传统是中国共产党在长期实践中孕育形成并始终坚持的精神、作风、制度、惯例等，优良作风是党的光荣传统的核心部分。实事求是的思想路线，以伟大建党精神为精神之源构建的中国共产党人精神谱系，理论联系实际、密切联系群众、批评和自我批评“三大作风”，坚持民主和集中相结合的民主集中制，坚持走群众路线，坚持调查研究，等等，都属于党的光荣传统范畴。党的优良传统、优良作风滋养着党内政治生态，是党内政治生态建设和廉洁文化建设不可多得的资源。《关于加强新时代廉洁文化建设的意见》强调："深入开展党的光荣传统和优良作风教育，传承对党忠诚、敢于善于斗争、艰苦奋斗等优秀品质，不断增强意志力、坚忍力、自制力。"党史、新中国史、改革开放史是党的光荣传统和优良作风形成发展的历史场域，正是在革命、建设和改革开放的伟大历史实践中，党的光荣传统和优良作风才得以形成和发展。党史、新中国史、改革开放史有着党的光荣传统和优良作风的生动故事，是开展党的光荣传统和优良作风教育不可或缺的生动资源，必须开发好、利用好，用以促进新时代党内政治生态建设和廉洁文化建设。

三、发展积极健康的党内政治文化

"政治文化，主要指人们在长期的社会生活和实践中所形成的各种政治思想、理论、价值观念等的总积淀。"① 同政治生态一样，政治文化是一个中性词，有积极健康的政治文化，也有消极变异的政治文化。政治文化是政治生态的内核，有什么样的政治文化，就有什么样的政治生态。建设风清气正的党内政治生态，必须发展积极健康的党内政治文化。

政党文化是党内政治文化的上位概念，党内政治文化是政党文化的组成部分。笔者曾将政党文化研究的路径区分为整体主义和个体主义，两种研究路径的基本分歧在于：政党文化究竟是超越于政党成员

① 徐大同、高建：《试论中国传统政治文化的基础与特征》，《天津社会科学》1987 年第 5 期。

个体的文化还是政党成员个体结合而成的文化？抑或二者兼有？实际上，政党文化有两个层面：一是整体的、超越的层面，对这个层面的研究主要应运用整体主义的研究方法；二是个体的、经验的层面，对这个层面的研究应主要采用个体主义的研究方法。政党文化建设一个重要的动力来源，是政党文化整体层面与政党文化个体层面之间的矛盾互动。[①] 今天看来，这一观点仍未过时。党的十八大以来中国共产党政党文化的建设与发展，是整体层面的政党文化对不健康的、越轨的个体层面的政党文化的纠偏和矫正。

从整体层面讲，“党内政治文化是中国共产党政党文化的核心内容，指党内关于党的政治属性、政治信仰、政治原则和政治方向等关键性政治议题的认知积淀和观念倾向”[②]。习近平总书记指出，中国共产党党内政治文化，是以马克思主义为指导、以中华优秀传统文化为基础、以革命文化为源头、以社会主义先进文化为主体、充分体现中国共产党党性的文化。这是从整体层面界定党内政治文化，是积极健康的党内政治文化。不过，从个体层面看，党内政治文化呈现出多元多样的特征，既有与整体层面的党内政治文化相一致的积极健康的个体政治思想理念和行为方式，也有与整体层面的党内政治文化相悖的消极的政治思想观念和个体行为模式，对整体层面的党内政治文化造成了严重冲击，给党内政治生态带来了严重的消极影响。

发展积极健康、正气充盈、朝气蓬勃的党内政治文化，是构建风

---

① 周建伟：《整体主义与个体主义：政党文化研究的两种路径》，《理论探索》2008 年第 1 期。

② 柴宝勇、黎田：《政治文化、政党文化与党内政治文化关系辨析》，《马克思主义研究》2020 年第 5 期。

清气正的党内政治生态的客观要求，也是新时代廉洁文化建设的客观需要。

链　接

政治文化、政党文化、党内政治文化释义

政治文化可以理解为显性政治实践、政治制度背后所蕴含的隐性观念形态。政治主体在政治制度框架下，通过政治实践参与政治体系的运行，行使政治权力和履行政治义务，以期实现或维护自身政治利益，将抽象的政治价值取向转化为政治主体的自觉行为，从而使政治文化具有实际含义。

政治文化的核心要素是政治价值。政治价值充分体现了特定范围内政治主体的利益表达方式和政治关系的相互作用机制，政治文化的区别在本质上是由政治价值的差异所导致的。党内政治文化一般指中国共产党的党内政治文化，指党内关于党的政治属性、政治信仰、政治原则和政治方向等关键性政治议题的认知积淀和观念倾向。

政党文化具有两层含义：(1) 从个体政党维度来看，政党文化即党内文化，指政党组织所具有的主观意识集合；(2) 从宏观政党格局来看，政党文化即党际文化，指一个国家或地区政党交往模式所蕴含的整体观念形态。

政党文化的核心要素是政党宗旨。政党宗旨是政党公共价值导向和自身价值追求的有机统一。从党内文化角度来看，政党宗旨是政党价值的具体化表述方式，凝结了政党性质、政党目标、政党利益等内容。从党际文化角度看，政党之间的互动在本质上是各政党之间宗旨的交锋或融合，例如，中国共产党全心全意为人民服务的宗旨与各民主党派天下为公、报国报民的宗旨相契合，推动形成了兼容并包的中

国政党文化。

党内政治文化的核心要素是党性。党性是无产阶级政党固有本性在其组织及成员中的具体体现，体现了无产阶级政党的核心政治价值。对于党组织来说，党性体现为事关政党生存和发展的重大政治原则；对于党员来说，党性体现为党员所坚持的根本政治立场。

（资料来源：柴宝勇、黎田：《政治文化、政党文化与党内政治文化关系辨析》，《马克思主义研究》2020 年第 5 期）

（一）加强共产党人价值观建设

现代政党不是封建时代的“朋党”，现代政党有对待和处理内在关系的道德规范和道德要求，即政党伦理。本书所探讨的廉洁文化所指向的“廉洁”，就是政党伦理的一个重要方面。政党伦理建设是现代政党自身建设的重要方面，所谓政党伦理建设，“是政党为了更好地实现和维护公共利益，为政党全部活动构建起来的一整套系统而科学的价值评判原则和衡量标准，并通过特定的制度安排和政策设计让这些价值标准有效地转化为全体党组织和党员的伦理规范和行为准则，以不断改善政党形象和实现善政的复杂政治过程”[①]。对中国共产党来讲，政党伦理建设的主要内容是共产党人价值观建设。

2016 年 10 月，习近平总书记在十八届六中全会第二次全体会议上的讲话强调：“要注重加强党内政治文化建设，倡导和弘扬忠诚老实、光明坦荡、公道正派、实事求是、艰苦奋斗、清正廉洁等价值

① 唐皇凤、董大仟：《中国共产党百年政党伦理建设的历史经验探赜——基于价值、制度和主体的三维解读》，《江苏社会科学》2021 年第 5 期。

观。”[①] 党的十九大报告进一步将共产党人价值观表述为“忠诚老实、公道正派、实事求是、清正廉洁”。共产党人价值观是积极健康的党内政治文化的核心，也是中国共产党政党伦理的核心。发展积极健康的党内政治文化，必须不断深化共产党人价值观的宣传和培育。

忠诚老实是共产党人的基本道德、基本品格，也是党员的基本义务。习近平总书记从“三严三实”中“做人要实”的要求对共产党人的“忠诚老实”做了具体阐释，“做人要实，就是要对党、对组织、对人民、对同志忠诚老实，做老实人、说老实话、干老实事，襟怀坦白，公道正派”[②]。新时代党员干部面临的考验不断增加，如权力考验、金钱考验、美色考验、人情考验等，如果经不起种种考验，倒在“糖衣炮弹”之下，就会成为当面一套背后一套、台上一套台下一套的两面派两面人。“如果没有对党忠诚作政治上的‘定海神针’，就很可能在各种考验面前败下阵来”[③]。党的二十大报告要求，领导干部在政治上要站得稳、靠得住，对党绝对忠诚老实，“做到平常时候看得出来、关键时刻站得出来、危难关头豁得出来”[④]。

公道正派是共产党人的基本行为操守，是党员干部正确权力观、利益观的关键。习近平总书记强调，共产党人用权，要出于公心而不是私心，要坚持权为民所用。作为党员干部，要始终坚持大公无私、公私分明、先公后私、公而忘私，公正用权、谨慎用权。只有弘扬公道正派的价值观，才能防止产生“权力是上级给的”“权力是靠自己

① 《习近平著作选读》第 1 卷，人民出版社 2023 年版，第 523 页。
② 《习近平著作选读》第 1 卷，人民出版社 2023 年版，第 226 页。
③ 《习近平著作选读》第 1 卷，人民出版社 2023 年版，第 335 页。
④ 《习近平著作选读》第 1 卷，人民出版社 2023 年版，第 55 页。

的本事谋来的”“有权不用过期作废”等异化了的权力观，防止党员干部在权力使用上失德、违规，产生违纪违法、贪污腐败。

实事求是是党的思想路线，也是党重要的伦理规范，是共产党人的理论品格和重要能力。对共产党人来讲，实事求是就是“有光明磊落、无私无畏、以事实为依据、敢于说出事实真相的勇气和正气，及时发现和纠正思想认识上的偏差、决策中的失误、工作中的缺点，及时发现和解决存在的各种矛盾和问题，使我们的思想和行动更加符合客观规律、符合时代要求、符合人民愿望”①。要坚持一切从实际出发、理论联系实际，大兴调查研究之风，真正做到真抓实干。对各种形式主义、官僚主义仍然存在，花拳绣腿、贪图虚名、弄虚作假、脱离群众、漠视现实、自我膨胀等现象，要按照实事求是的要求，敢于指出、要求改正。总而言之，作为共产党员，“我们要自觉坚定实事求是的信念、增强实事求是的本领，时时处处把实事求是牢记于心、付诸于行”②。

清正廉洁是共产党人的鲜明品格，是中国共产党政党伦理重要的价值旨归。清正清廉是共产党人不变的信念，更是共产党人不可逾越的守则。清正廉洁体现了共产党人艰苦奋斗、一心为民、不徇私情的精神理想，融合了中国人清官理念的诉求和马克思主义政党廉洁政府、廉价政府的道德要求以及现代国家、现代政党廉洁的施政要求，是党员干部干事创业的标准和底线。在市场经济大环境下，市场交易原则对党的肌体客观上具有腐蚀作用，一些领导干部面对“围猎”“诱惑”不能坚守廉洁底线，与不法商人、政治掮客沆瀣一气，污染政治生态。因此，政治生态建设、新时代廉洁文化建设必须弘扬清正廉洁的价值

① 《习近平著作选读》第 1 卷，人民出版社 2023 年版，第 210 页。

② 《习近平著作选读》第 1 卷，人民出版社 2023 年版，第 210 页。

观，教育党员干部知敬畏、懂戒惧。

加强共产党人价值观建设，要坚持破立结合，既要正面引导，讲清楚忠诚老实、公道正派、实事求是、清正廉洁等共产党人价值观的意义所在，也要对社会上、党员干部身上存在的错误价值观进行坚决的批判和纠正，“旗帜鲜明抵制和反对关系学、厚黑学、官场术、潜规则等庸俗腐朽的政治文化，不断培厚良好政治生态的土壤”[①]。

（二）严肃党内政治生活

党内政治生活是“无产阶级政党为构建党内良性政治生态和实现政治路线，对其组织及其成员严格要求坚持和履行党性的一种行为规范和政治运行”[②]。党内政治生活是党内政治生态的“晴雨表”，党内政治生活是否健康，直接体现党内政治生态是不是风清气正。“长期实践证明，严肃认真的党内政治生活是我们党坚持党的性质和宗旨、保持先进性和纯洁性的重要法宝，是解决党内矛盾和问题的‘金钥匙’，是广大党员、干部锤炼党性的‘大熔炉’，是纯洁党风的‘净化器’。”[③] 净化党内政治生态，推进新时代廉洁文化建设，必须严肃党内政治生活，有效发挥党内政治生活的功能作用。

一是全面准确把握党内政治生活的具体要求。“严肃党内政治生活贵在经常、重在认真、要在细节。”[④] 其一，严肃党内政治生活的根本依据是党章，遵守《关于新形势下党内政治生活的若干准则》等党内法规的有关规定，围绕党章的规定和党内法规的要求开展。其二，

① 《习近平著作选读》第1卷，人民出版社2023年版，第523页。

② 王久高：《“党内政治生活”的内涵界定探析》，《中国特色社会主义研究》2017年第1期。

③ 《习近平著作选读》第1卷，人民出版社2023年版，第519-520页。

④ 《习近平关于全面从严治党论述摘编》，中央文献出版社2021年版，第95页。

严肃党内政治生活重点是落实“六大基本规范”，即实事求是、理论联系实际、密切联系群众、批评和自我批评、民主集中制、严明党的纪律等为主要内容的党内政治生活基本规范。其三，严肃党内政治生活要坚持围绕“四条路线”和“一个原则”展开。“四条路线”即党的政治路线、思想路线、组织路线、群众路线；“一个原则”即民主集中制原则。习近平总书记强调：“严肃党内政治生活是一篇大文章。其中最重要的是围绕坚持党的政治路线、思想路线、组织路线、群众路线，坚持和完善民主集中制、严格党的组织生活等重点内容，集中解决好突出问题。”① 其四，着力点是增强“四性”，即增强党内政治生活的政治性、时代性、原则性、战斗性。政治性是党内政治生活的灵魂，也是严肃党内政治生活的根本方向和目标；时代性是党内政治生活的生命，决定党内政治生活是否具有生机和活力，是否能够做到让广大党员喜闻乐见；原则性是党内政治生活的保障，树立起了党内政治生活的标准；战斗性是党内政治生活的品格，体现党内政治生活的风格和方法，很大程度上决定了党内政治生活的效果。其五，根本目标是增强能力、维护权威、营造生动活泼的政治局面。正如《关于新形势下党内政治生活的若干准则》所强调的，新形势下加强和规范党内政治生活，目的是“着力增强党自我净化、自我完善、自我革新、自我提高能力，着力提高党的领导水平和执政水平、增强拒腐防变和抵御风险能力，着力维护党中央权威、保证党的团结统一、保持党的先进性和纯洁性，努力在全党形成又有集中又有民主、又有纪律又有自由、又有统一意志又有个人心情舒畅生动活泼的政治局面”。

---

① 《习近平关于全面从严治党论述摘编》，中央文献出版社2016年版，第40页。

链　接

新形势下严肃党内政治生活的“利器”

2016年10月27日，中国共产党第十八届中央委员会第六次全体会议审议通过了《关于新形势下党内政治生活的若干准则》（以下简称《准则》），在完善全面从严治党制度体系方面迈出新的重大步伐，为新形势下严肃党内政治生活提供了一把“利器”。

《准则》对党内政治生活的12个方面作了详细规定，分别是：(1) 坚定理想信念；(2) 坚持党的基本路线；(3) 坚决维护党中央权威；(4) 严明党的政治纪律；(5) 保持党同人民群众的血肉联系；(6) 坚持民主集中制原则；(7) 发扬党内民主和保障党员权利；(8) 坚持正确选人用人导向；(9) 严格党的组织生活制度；(10) 开展批评和自我批评；(11) 加强对权力运行的制约和监督；(12) 保持清正廉洁的政治本色。

《准则》具有四个鲜明的特点：

一是全面系统。《准则》12个方面的内容，涵盖了党内政治生活的各个方面，是我们党历史上最全面、最系统的党内政治生活规范。

二是针对性强。《准则》坚持问题导向，每一个方面都针对当前党内政治生活中存在的突出问题，立显规则，破潜规则，具有很强的针对性、操作性。比如，对领导干部明确规定，“禁止利用职权或影响力为家属亲友谋求特殊照顾，禁止领导干部家属亲友插手领导干部职权范围内的工作、插手人事安排”，有极强的针对性。

三是刚性约束。习近平总书记多次强调，规矩是起约束作用的，要紧一点，朝严一点的标准去努力，来真格的，用最严格的制度、最严密的监督来保障和巩固工作成效，切不能“牛栏关猫”。《准则》

“严”字当头，提要求鲜明严格，定措施明确具体，每一条都有一些硬措施，相互配套、相互作用。比如，在严明党的政治纪律方面，“决不允许”“不准”“不能”“禁止”“反对”“坚决防止”“严肃查处”等禁止性条款多达25条。

四是以上率下。《准则》强调：“新形势下加强和规范党内政治生活，重点是各级领导机关和领导干部，关键是高级干部特别是中央委员会、中央政治局、中央政治局常务委员会的组成人员。”《准则》每一条都强调领导干部要带头执行，或提出更高更严格的要求。中央还将制定高级干部贯彻落实本准则的实施意见，指导和督促高级干部在遵守和执行党内政治生活准则上作全党表率。

（资料来源：江金权：《新形势下严肃党内政治生活的“利器”》，《求是》2017年第4期）

二是开展严肃认真的组织生活。党的组织生活是指主要以党支部为基本单位开展的对党员进行日常教育管理监督的建设活动。党的组织生活具体形态包括基层党组织的“三会一课”（党员大会、党支部委员会会议、党小组会、党课）、主题党日、组织生活会、民主评议党员、谈心谈话，也包括领导班子的民主生活会、述职述廉等。组织生活是中国共产党开展自身建设的基本活动，也是党内政治生活的基本形式和制度化、经常性的手段。习近平总书记强调：“党的组织生活是党内政治生活的重要内容和载体，是党组织对党员进行教育、管理、监督的重要形式。一个班子强不强、有没有战斗力，同有没有严肃认真的组织生活密切相关。”① 党的十八大以来，党的组织生活不断制度化规范化，为构建积极健康的党内政治文化、净化党内政治生态

① 《习近平著作选读》第1卷，人民出版社2023年版，第525页。

提供了重要助力。新时代新征程，开展党的组织生活要注意：第一，在规范化的基础上，更加突出党内政治性、时代性、原则性、战斗性，突出组织生活的本质要求；第二，根据党员的实际特点和全面从严治党的发展要求，进一步推动组织生活的内容创新和形式创新，不断增强组织生活的吸引力、感染力和实效性；第三，决定党内政治生态的状况是“关键少数”即党员干部特别是领导班子，要更加关注党员干部特别是班子成员组织生活的质量，充分发挥“双重组织生活”的作用和民主生活会的功能，发挥组织生活“拉袖子”“治未病”的功效，及时提醒、严格督导领导干部，让“关键少数”在相互提醒和督促中成长进步。

链　接

基层党内政治生活中存在的突出问题

2016 年“两学一做”学习教育之际，山西省沁县党建研究会对基层党内政治生活开展状况进行了实地调查。调研发现，基层党内政治生活总体上是好的，基层党组织基本上能按照要求开展党内政治生活，但也不同程度存在薄弱环节。

（一）党内生活被漠视，组织活动自由化。党员个人方面，有的认为党内生活是“形式主义”，没有实质性意义，参与的积极性不高；有的把参加党内生活当成负担，只是为了完成任务而被动参加；还有部分农村党员和下岗职工党员在外务工谋生游离于组织之外。党组织方面，主要问题是重视程度不够、实效不高、缺乏创新、搞形式主义。比如，有的缺乏政治责任心，有的对党内生活的重要性、所起的作用认识不足、体会不深，对党内政治生活讲起来重要、忙起来不要；有的工作简单化，党内情况不通报、不反映，以临时动议代替集体意志，以签字传阅代替学习贯彻；有的查摆问题定框定调，照搬照抄，不管是否符合实际，满足于发表意见而不管发言质量；有的开展活动满足于人来了、会开了、记录了，不展开讨论，不注重效果；有的党组织活动方式老套，缺少卓有成效的活动形式；有的组织活动纯粹是为了应付上级检查，有时间就走一下“过场”，没时间就“做”一下记录。

（二）民主生活趋功利，党内关系庸俗化。一是“好人主义”，搞一团和气。在党内政治生活中奉行“多栽花、少栽刺”，不讲党性讲关系，“打太极拳”回避问题，避重就轻，批评领导“放礼炮”，批评同事“放哑炮”，批评自己“放空炮”。二是拉帮结派，搞团团伙伙。少数党员对党内政治生活歪曲理解，胡乱运用，在利益面前不讲纪律，不讲原则，甚至成为打压异己、排除不同意见的工具。三是骑墙善变，没有政治立场。把党内生活变成利益投资，当“墙头草”，一切以谁“来头”大、谁官位高、谁权势重作为说了算的依据，察言观色，见风使舵，民主生活庸俗化。

（三）民主集中走形式，党员权利被弱化。一是以“家长”作风行使权力。有的党组织书记不按章办事，作决策先定调后“讨论”，漠视别人的声音，听不得不同意见。少数党员领导干部凌驾于组织之上，行事独断专行。二是以“长官意志”左右民主选举。会上公开讲充分发扬民主，会下却反复“做工作”，把顺从者、跟得紧的想方设法列为候选人，即便是差额选举也不能投“陪选”对象的票，形式上是民主选举，实际上还是“长官意志”。三是以领导权威绑架组织担责。少数党员领导干部说话办事“一手遮天”，却每每要履行“集体决策”形式，一旦出了问题，就由组织承担，集体担责，党组织变成了个人的“挡箭牌”。

（资料来源：沁县党建研究会：《严格党内政治生活，营造良好政治生态》，《前进》2017 年第 2 期）

三是要强化制度约束。积极健康的党内政治文化建立在良性的政治实践、政治生活基础上，也建立在有效的制度基础上。制度对党内政治文化具有引领、约束、矫正等重要作用，党内政治文化建设离不开有效的制度规范，离不开思想建党、制度治党同向发力，综合施治。党的十八大以来，党中央制定或修订了《关于新形势下党内政治生活的若干准则》《中国共产党地方委员会工作条例》《中国共产党支部工作条例（试行）》《中共中央关于加强对“一把手”和领导班子监督的意见》等一系列有关党内政治生活的党内法规，为党内政治生活开展提供了具体的制度规范。新时代新征程，必须按照制度治党的要求，强化制度约束，开展严肃的党内政治生活，构建积极健康的党内政治文化。

（三）切实解决影响党内政治生态的突出问题

问题导向是习近平新时代中国特色社会主义思想蕴含的重要世界观和方法论。党的二十大报告强调：“问题是时代的声音，回答并指导解决问题是理论的根本任务。”[①] 党的十八大以来，党内政治文化、政治生态建设取得了显著成效，但也要看到，面对的问题和困难很多，任务重、难度大。新征程上，构建积极健康的党内政治文化，建设风清气正的党内政治生态，必须坚持问题导向，增强问题意识，扎扎实实把问题解决好。以下简要分析党内政治文化、党内政治生态建设要重点解决的四方面的主要问题：

第一，监督“一把手”的问题。“一把手”是一个地方、一个单位党政主要负责人的通俗称谓，是领导班子的“班长”，是党员干部中掌握的权力最为集中的群体。古语云，上有所好，下必甚焉。“一把手”的思想观念、行为方式、个人喜好都会影响一个地方、一个单

① 《习近平著作选读》第1卷，人民出版社2023年版，第17页。

位的风气和文化，有的甚至决定一个地方、一个单位的政治生态，对“一把手”的监督至关重要。从实践来看，我国是一个以权力集中为特色的政治体制，权力高度集中在领导班子手里，“一把手”作为班长，是班子里权力最为集中的成员，在权力高度集中的情况下，监督“一把手”就成了难题中的难题。权力高度集中且缺乏监督，就会形成“绝对的权力”，结果必然是“绝对的腐败”。研究表明，“一把手”腐败对政治文化、政治生态的损害最为巨大：扭曲政治文化的型构向度，严重污染政治生态植被；严重削弱政治制度的规制功能，腐蚀政治生态肌体；破坏权力运行的生态平衡，导致政治生态的恶化。[①]有鉴于此，党的十八大以来，党中央把对“一把手”的监督作为重中之重，积极探索破解“一把手”监督难题，制定实施了《中共中央关于加强对“一把手”和领导班子监督的意见》等党内法规，明确了上级“一把手”抓好下级“一把手”、落实“一把手”第一责任人职责、完善“三重一大”决策监督机制、巡视巡察工作要紧盯“一把手”、建立健全述责述廉制度以及强化班子同级监督等措施，对“一把手”的监督取得了明显成效。不过，也要看到，对“一把手”的监督仍然是全面从严治党的薄弱环节，新情况新问题还在不断出现，相关的制度机制还要进一步完善，监督制度的落实还要进一步加强。

链　接

广州市加强对“一把手”监督的实践探索

为了根治“一把手”权力任性与腐败的顽疾，党的十八大以来，

① 参见何旗：《一把手腐败与政治生态污染及其修复——基于党的十八大后36名省级党委书记腐败案例的剖析》，《理论探索》2020年第1期。

广州市大胆探索，从科学厘权、阳光晒权和严格监权三个维度，破解“一把手”高度集权、暗箱操作、难以监督等难题，推出一系列行之有效的重要举措，初步遏制了“一把手”权力任性与腐败蔓延的势头，为监督“一把手”、治理“一把手”权力腐败提供了样本。

一是推行各辖区党委主要负责人和市级党委、政府所属部门、单位党组织主要负责人“述责述德述廉”制度（“三述”制度）。从2014年起，在每年市纪委全会期间，安排数名市辖各区、市直部门、市属高校、市管企业“一把手”向纪委全会述责述廉述德；组织市纪委委员和市特邀监察员、市政风行风督察员、廉洁广州建设人民观察员代表对“三述”同志进行现场提问；组织市纪委委员和市特邀监察员、市政风行风督察员、廉洁广州建设人民观察员代表进行书面评议；由市党廉办汇总活动情况和测评结果，形成书面报告报市委，同时抄送市委组织部，作为“一把手”交流轮岗、选拔使用的重要依据；由市纪委负责同志对问题反映突出、评价“满意率”较低的“一把手”进行约谈，督促整改。

二是推行《广州市落实全面从严治党主体责任约谈“一把手”制度》。由市纪委提出约谈建议名单，名单从市辖各区、市直部门、市属高校和市属国企中存在一定问题但情节轻微、未达到组织处理或党纪政纪处分的“一把手”，或者从市辖各区、市直部门、市属高校、市属国企普遍存在一定问题，产生一定不良影响，但情节轻微、未达到改组或予以解散的党组织中建议产生。由市委书记、市纪委书记进行约谈，必要时请市委组织部部长参加。约谈对象负责整改，整改情况必须在当年度所在单位党组织民主生活会上对照检查，并纳入个人年度“三述”报告；市纪委负责将约谈材料抄送市委组织部备案，作为干部选拔任用、评优评先的重要参考。该制度的约谈不是一般的谈心谈话，而是上级党委、纪委主要负责人以问题为导向，对下级党政

“一把手”和领导班子采取谈话的方式进行教育提醒并督促纠正的一种监督措施。

三是出台“一把手”监督十项措施。2017 年 2 月，广州市进一步完善了公开权力清单、落实选人用人责任、健全违规干预插手有关事项记录、公开个人有关事项、加强巡察和派驻监督、实行问题直报等十项举措，规范和加强对“一把手”的监督。

（资料来源：郭文亮、张恩铭：《厘权·晒权·监权：广州市治理“一把手”权力腐败的实践探索与启示》，《理论探讨》2017 年第 6 期）

第二，党员干部选拔任用问题。党员干部是具有四重属性的特殊人群：作为党的一分子，每一位党员都要不断锤炼党性，以追求和实现共产主义为理想目标，以全心全意为人民服务作为现实的价值追求，严格遵守党的纪律，矢志献身党的事业，从这一规定出发，党员干部的基本属性是组织人、道德人；党员干部掌握着权力，也有掌握更大权力的渴望和追求，这也就是政治人属性；改革开放以来，特别是社会主义市场经济体制确立后，党员干部的属性又增加了新的内容——经济人属性，即具有自利动机，进行利益计算，追求自身利益最大化的理性人。[①] 四重属性给党员干部的选拔任用和管理教育监督带来了重要影响，政治人属性、经济人属性膨胀，一些党员干部将获取权力和获取权力背后的利益作为第一目标，买官卖官等吏治腐败现象就会产生；如果没有受到应有的惩罚，买官卖官就会形成强烈的示范效应，蔓延开来，“劣币驱逐良币”就会成为干部选拔任用中的普遍现象。执政党最大的腐败是吏治腐败，吏治特别是干部选拔任用是一个地区、

① 参见周建伟、陈金龙：《党员干部四重属性与理想信念建设》，《理论学刊》2015 年第 6 期。

一个单位政治生态的“风向标”。吏治腐败往往与“一把手”密切相关，吏治腐败也就成为政治文化建设、政治生态建设的毒瘤。党的十八大以来，以习近平同志为核心的党中央严厉惩处吏治腐败，不断完善党员干部选拔任用的制度规定，取得了明显成效。新征程上，要时刻紧盯吏治，不断规范选人用人制度机制，严查选人用人上的不正之风，优化选人用人环境，以此为牵引，构建积极健康的党内政治文化，净化党内政治生态，深化廉洁文化建设。

第三，破除“潜规则”的问题。“潜规则”是党员、干部和群众个人行事的非正常规则，是与明规则对立的破坏性规则。“潜规则”得到广泛遵从，就意味着党内政治文化发生了变异，党内政治生态出现了严重恶化，宗派主义和“圈子文化”“码头文化”“山头文化”横行。党的十八大前的一段时间，“有的地方和部门正气不彰、邪气不祛；‘明规矩’名存实亡，‘潜规则’大行其道；求真务实、埋头苦干的受到排挤，好大喜功、急功近利的如鱼得水”[①]。党的十八大以来，党中央和各级党组织对“潜规则”的整治始终持续，取得了明显成效。但“潜规则”的本质是社会土壤问题，除枝叶容易，除根源困难。新时代党内政治文化建设、政治生态建设的一个重要任务，就是进一步遏制、消除“潜规则”，让明规则得到普遍和自觉遵守。习近平总书记强调，党员干部要坚持党性立身，“让潜规则失灵，营造风清气正的政治生态”[②]。要采取思想教育、严格监督、完善制度、严格纪律、严厉处分等多重方式，坚决遏制和消除各种“潜规则”，不断净化党内政治文化、政治生态，不断推动新时代廉洁文化建设。

第四，“亲清”政商关系构建问题。政商关系是政治生态的“晴

---

① 《习近平关于全面从严治党论述摘编》，中央文献出版社 2021 年版，第 105 页。

② 《习近平著作选读》第 1 卷，人民出版社 2023 年版，第 314 页。

雨表”，构建“亲清”政商关系是营造良好政治生态、优化营商环境、促进风清气正社会风气的重要保障措施。我国传统上政商关系处理就是难题，商人与官员之间的“潜规则”是我国的历史常态。党的十八大前的一段时间，政商关系不清，不法商人对党员干部的“围猎”“腐蚀”十分严重，党员干部甘愿被“围猎”的情况较为普遍，一些党员干部与不法商人沆瀣一气，结成政商同盟，各取所需，严重破坏政治生态。党的十八大以来，政商关系得到整顿和净化，但不收手、不收敛的情况仍然存在。习近平总书记强调，要构建“亲清”政商关系，领导干部和民营企业家的交往“应该为君子之交，要亲商、安商、富商，但不能搞成封建官僚和‘红顶商人’之间的那种关系，也不能搞成西方国家大财团和政界之间的那种关系，更不能搞成吃吃喝喝、酒肉朋友的那种关系”①。“亲”就是党员干部同民营企业要接触交往，各级党委和党员干部要帮助民营经济解决实际困难，支持民营经济发展，民营经济人士要多向党委政府讲真话，说实情，支持地方发展；“清”就是党员干部同民营企业之间的关系要合法合规，清白纯洁，相互之间不能搞利益输送，党员干部不能受贿索贿，民营企业不能搞“围猎”“腐蚀”。要按照构建“亲清”的原则要求，不断深化新型政商关系构建，为政治生态建设提供基础。

---

① 《习近平著作选读》第1卷，人民出版社2023年版，第467-468页。

第四章

厚植廉洁奉公文化基础

廉洁文化是中国特色社会主义文化的重要组成部分，建立在特定国家和民族的文化土壤基础上。党的十九大报告强调：“中国特色社会主义文化，源自于中华民族五千多年文明历史所孕育的中华优秀传统文化，熔铸于党领导人民在革命、建设、改革中创造的革命文化和社会主义先进文化，植根于中国特色社会主义伟大实践。”新时代廉洁文化建设，要从中国共产党的革命文化、社会主义先进文化、中华优秀传统文化汲取养分，不断丰富廉洁文化的内涵，夯实文化基础，培育文化土壤，有效发挥文化育人功能，更好地推动以文化人、以文塑廉。

一、传承革命文化廉洁品格基因

革命文化是五四运动以来，中国共产党在长期的、艰苦卓绝的新民主主义革命斗争实践中形成的独特文化形态，是“中国共产党人的世界观、政治观、革命观、价值观与群众观在观念文化中的凝聚”①。中国共产党的革命文化包括革命物质文化和革命精神文化两个部分，革命物质文化以革命历史遗存为主，革命精神文化是中国共产党革命斗争中价值立场、理想信念、精神面貌、行为方式、生活方式等各个精神要素，革命文化以革命精神文化为主体，革命物质文化是革命精神文化的载体。与革命文化相关的一个词是“红色文化”。代表性的观点认为，红色文化有广义和狭义之分，狭义的红色文化就是革命文化，广义的红色文化是指中国共产党在新民主主义革命时期、社会主义革命时期、社会主义建设时期以及改革开放以来创造的独特政治文化，革命文化是红色文化的组成部分。②

中国共产党的革命文化是廉洁文化建设重要的精神养分。新时代，要用革命文化教育广大党员干部坚守为中国人民谋幸福、为中华民族谋复兴的初心使命，继承先烈遗志，淬炼公而忘私、甘于奉献的高尚品格。

---

① 李康平：《中国革命文化基本理论问题研究》，《马克思主义研究》2015 年第 7 期。

② 参见马静：《红色文化教育理论与实践研究》，南开大学出版社 2015 年版，第 33 页。

（一）革命文化蕴含廉洁品格基因

基因是生物学概念，基因发挥支撑生命基本构造和性能的作用，在基因上存储着生命的种族、血型、孕育、生长、凋亡等全部信息，生命体的生老病死都与基因有着密切关系。“革命文化蕴含廉洁品格基因”，是一个暗喻的形象说法，一方面表明廉洁品格在党的革命文化中的特殊地位和重要性，另一方面表示廉洁品格始终贯穿中国共产党的奋斗和发展历程，并将永远如此。正如习近平总书记所言：“党的百年历史，也是我们党不断保持党的先进性和纯洁性，不断防范被瓦解、被腐化的危险的历史。”①

中国共产党革命文化蕴含的廉洁品格基因，主要表现在四个方面：

第一，忠诚品质。革命文化是具有鲜明政治色彩的政治文化，正如有的学者所言，中国共产党的革命文化，是自觉性与内生性的统一、科学性与政治性的统一。② 忠诚是中国共产党的首要品质，也是革命文化的首要品质，更是蕴含在革命文化中的廉洁品格的具体表现。忠诚于马克思主义理论、忠诚于党的事业、忠诚于党组织、忠诚于人民，才能始终做到廉洁。1921 年 7 月中共成立，党的一大通过的《中国共产党第一个纲领》规定：“凡承认本党党纲和政策，并愿成为忠实党员的人，经党员一人介绍，不分性别、不分国籍，均可接收为党员，成为我们的同志。但是在加入我们队伍之前，必须与企图反对本党纲领的党派和集团断绝一切联系。”③ 中国共产党形成了伟大建党精神，

---

① 《习近平著作选读》第 2 卷，人民出版社 2023 年版，第 423 页。

② 参见李康平：《中国革命文化基本理论问题研究》，《马克思主义研究》2015 年第 7 期。

③ 《建党以来重要文献选编（1921—1949）》第 1 册，中央文献出版社 2011 年版，第 1-2 页。

“对党忠诚、不负人民”是伟大建党精神重要组成部分。党的十八大以来，习近平总书记强调：“对党忠诚是共产党人必须具备的政治品格，是纯粹的、无条件的”，“是具体的、实践的”。[①] 中国共产党一路走来，经历了数不尽的艰险和磨难，但都没有压垮党，靠的就是千千万万党员的忠诚。

第二，奉献品格。中国共产党诞生于中国成为半殖民地半封建社会的衰微之时，国家蒙辱、人民蒙难、文明蒙尘，中华民族遭受了前所未有的劫难。中国共产党一经诞生，就把为中国人民谋幸福、为中华民族谋复兴确立为自己的初心使命。党的初心使命意味着奉献必然是中国共产党的基因。革命年代，加入中国共产党实际上意味着奉献甚至牺牲，而不是升官、发财、享福。甘于奉献、不怕牺牲是革命文化的鲜明特色，也铸就了中国共产党革命文化的廉洁基因。

第三，铁的纪律。作为先锋队的马克思主义政党，有着严格的纪律要求，廉洁就是铁的纪律要求之一。党的二大通过的第一个党章第四章专门对党的纪律作了规定，具体规定有 9 条，约占党章条数的三分之一（二大党章一共 29 条）。党的二大通过的《关于中国共产党的组织章程决议案》强调“要有集权精神和铁似的纪律”，这是党的文件第一次使用“铁的纪律”表述。腐败滋生必然危及红色政权，我们党对于贪污腐败的党员、干部，一律严惩不贷，用铁的纪律保证党组织和党员干部的清正廉洁。

---

① 《习近平著作选读》第 2 卷，人民出版社 2023 年版，第 555 页。

链　接

在中央苏区，中国共产党打响反腐败第一枪

土地革命战争时期，中国共产党在各地建立了革命根据地，开始探索政权建设。由于受到长期的封建残余思想影响，加之我们党此时缺乏执政经验，中央苏区一些党员出现了官僚主义和贪污腐化现象，中国共产党反腐败第一枪随之打响。

1932 年，负责中央苏区反腐败工作的临时中央政府工农检察部控告局设立了党的历史上第一个举报箱，群众的举报信纷至沓来，有群众检举了谢步升的贪腐行为。谢步升出身贫苦，1929 年参加工农武装暴动，任暴动队队长，后被吸收入党，任瑞金县叶坪乡叶坪村苏维埃政府主席。

临时中央政府临时最高法庭主席、工农检察部部长何叔衡看了检举信后，立即成立专案组进行调查。调查发现，1931 年第二次、第三次反“围剿”期间，苏区物资紧缺，物价飞涨，谢步升利用与苏区领导人熟悉的机会，偷盖公章，贩卖紧缺物资；谢步升道德败坏，生活腐化堕落，诱迫奸淫妇女，为了谋妇夺妻掠取钱财，竟然秘密杀害红军干部和军医。

1932 年 5 月 5 日，瑞金县苏维埃裁判部对谢步升进行公审，判决谢步升枪决，并没收个人一切财产。谢步升向中华苏维埃共和国临时最高法庭提出上诉。1932 年 5 月 9 日，临时最高法庭作出维持原判的判决，谢步升被枪决，受到了应有的惩罚。

谢步升一案，标志着中国共产党反腐败打出了第一枪，彰显着中国共产党对腐败分子零容忍的坚决态度。

（资料来源：赵晓强、官蕊、李倩：《中国共产党廉政简史》，人

民日报出版社2021年版，第39–41页）

第四，修养自律。中国共产党是一个有着极高道德要求的政党，党员、干部不仅要接受铁的纪律的监督管理，还必须有极高的自我修养和道德自律。每一位中国共产党人必须不断改造自己的主观世界，自觉坚守政治道德、社会公德、职业道德、家庭美德，永葆先进性、纯洁性，这是中国共产党人的“心学”。中国共产党的道德自律源自马克思主义关于先锋队政党的理论要求，也来自长期革命斗争中养成的高度道德自律。毛泽东在《纪念白求恩》中指出，中国共产党人要努力成为“一个高尚的人，一个纯粹的人，一个有道德的人，一个脱离了低级趣味的人，一个有益于人民的人”①。刘少奇在《论共产党员的修养》中讲道，“我们共产党员，是近代历史上最先进的革命者，是改造社会、改造世界的现代担当者和推动者”，共产党人“要有马克思列宁主义理论的修养；要有运用马克思列宁主义的立场、观点和方法去研究和处理各种问题的修养；要有无产阶级的革命战略、战术的修养；要有无产阶级的思想意识和道德品质的修养；要有坚持党内团结、进行批评和自我批评、遵守纪律的修养；要有艰苦奋斗的工作作风的修养；要有善于联系群众的修养，以及各种科学知识的修养等”。② 艰苦卓绝的革命斗争，培养了中国共产党高度重视自我修养和道德自律的基因，这是革命文化的基因，滋养着新时代廉洁文化建设。

（二）弘扬以伟大建党精神为源头的中国共产党人精神谱系

中国共产党人在新民主主义革命时期和社会主义革命时期形成的

① 《毛泽东选集》第2卷，人民出版社1991年版，第660页。

② 《刘少奇选集》（上），人民出版社1981年版，第98–99、109页。

各个伟大精神，是革命文化最重要的体现和最生动的概括，也是中国共产党人精神谱系重要的组成部分。其中包括伟大建党精神、井冈山精神、苏区精神、长征精神、遵义会议精神、延安精神、抗战精神、红岩精神、西柏坡精神、照金精神、东北抗联精神、南泥湾精神、太行精神（吕梁精神）、大别山精神、沂蒙精神、老区精神、张思德精神、抗美援朝精神等。廉洁品质贯穿中国共产党人精神谱系，是中国共产党人精神谱系的核心内容。

链　接

苏区精神彰显中国共产党人的廉洁品质

2011 年 11 月 4 日，习近平在纪念中央革命根据地创建 80 周年座谈会上深情地说，在革命根据地的创建和发展中，在建立红色政权、探索革命道路的实践中，无数革命先辈用鲜血和生命铸就了以坚定信念、求真务实、一心为民、清正廉洁、艰苦奋斗、争创一流、无私奉献等为主要内涵的苏区精神。

江西赣州兴国县将军园内的苏区干部好作风陈列馆内，“腰缠万贯”行乞人的故事格外动人。

江西省苏维埃政府主席刘启耀，在一次血战突围中负伤，与部队失去联系。深夜，昏迷的他被冻醒后，穿上破棉袄，背着金条、银圆踏上寻党之路。一年后，当他千辛万苦找到党组织时，已消瘦得脱了相，而褡裢里党的经费，分毫未动。

闽浙赣省财政部部长张其德负责全省食盐分配，却自觉守着盐堆吃淡菜。他的孩子实在受不了，以为他忘了放盐，索性自己去取。张其德厉声喝止：“不是我忘了放盐，而是压根就没放。这些白花花的盐巴是革命的本钱，我不能以权谋私，动用公家一粒盐！”

“苏区干部好作风，自带干粮去办公，日着草鞋干革命，夜打灯笼访贫农……”这首传唱多年的经典山歌，唱出了革命岁月中苏区干部一心为民、清正廉洁的优良作风。

（资料来源：《革命薪火的时代光芒》，《解放军报》2021 年 7 月 26 日）

以伟大建党精神为源头的中国共产党人精神谱系，蕴含着中国共产党人廉洁的基因，对党员、干部提出了廉洁的总体要求。深化新时代廉洁文化建设，要以中国共产党人精神谱系为主线，加强革命传统教育，让广大党员、干部、群众从党的百年奋斗历程中汲取力量，从中国共产党人廉洁为民的风范和事迹中汲取营养。

围绕中国共产党人精神谱系，讲好中国共产党人革命年代的廉洁故事。中国共产党人精神谱系中蕴含的廉洁基因，需要中国共产党人生动鲜活的故事来呈现，以真实、立体、全面、丰富的中国共产党形象来呈现，这样会更具吸引力、感召力。党史是廉洁教育资源的大宝库，要有效发掘革命年代重大事件、重要活动、重要人物等党史资源，要围绕中国共产党人的廉洁品质，讲好党的故事、革命的故事、英雄的故事，特别要讲清楚中国共产党人的廉洁品质与中国共产党为什么“能”之间的有机联系，把中国共产党的人民性、先进性和纯洁性生动呈现出来，激发广大党员、干部、群众继承先烈遗志、传承廉洁基因的思想自觉，有效发挥革命文化对廉洁文化建设的价值。

适应时代要求，不断提高讲故事的能力水平。在海量信息的互联网年代，讲好革命文化中的廉洁故事，生动呈现中国共产党人精神谱系中的廉洁基因，并非易事。要把握互联网时代的思想宣传规律，更新宣传理念，升级宣传手段，做到真实、巧妙，努力实现“润物细无声”。真实，就是要收集、查找、利用真实的历史故事，对历史故事中蕴含的廉洁要素进行实事求是的分析，既不能贬低也不能过度拔高，特别是不能“神化”，让广大党员、干部、群众感觉到可敬、可爱、可学。巧妙，就是要采用适应互联网时代特点，符合年轻一代党员、干部、群众接受特点的方式和途径呈现革命文化中的廉洁基因，比如，可以采用多媒体、短视频等生动活泼的方式讲述党史故事，增强体验感。

（三）提炼革命文化蕴含的廉洁理念

革命文化对新时代廉洁文化建设的根本价值在于其蕴含的廉洁理念，它们跨越时空、历久弥新，具有长远的价值和意义。

总结宣传革命领袖关于廉洁的思想论述。党的领导人对廉洁问题、反腐败斗争的重要论述，是廉洁文化建设重要的思想资源。结合党的奋斗历程和革命先辈的廉洁事迹，科学系统总结毛泽东、刘少奇、邓小平等党的领导人留下的重要论述，将其作为廉洁文化建设重要的内容和依据。比如，毛泽东“赶考论”“两个务必”论述、刘少奇关于党员修养的论述、邓小平关于“两手抓、两手都要硬”的论述，都蕴含着重要的廉洁理念，具有重要的时代价值。

挖掘中国共产党人精神谱系蕴含的丰富资源。中国共产党人精神谱系蕴含着丰富的廉洁理念，目前，绝大多数的精神都已有权威的内容表述，要有效加以利用。要针对中国共产党人精神谱系的内涵，结合党史资料，进一步揭示和丰富其中蕴含的廉洁理念，有效彰显中国共产党人精神谱系的价值和意义。比如，以坚持真理、坚守理想，践行初心、担当使命，不怕牺牲、英勇斗争，对党忠诚、不负人民为主要内容的伟大建党精神，从中国共产党人廉洁理念、廉洁品格基因的角度进行阐述，不仅能够进一步丰富伟大建党精神的内涵，而且在权威表述的基础上，能够进一步揭示党的廉洁理念，丰富新时代廉洁文化建设资源。

链　接

中国共产党人精神谱系中部分有关廉洁品质的内容表述

2021 年 7 月 1 日，习近平总书记在庆祝中国共产党成立 100 周年大会重要讲话中指出，100 年前，中国共产党的先驱们创建了中国共产党，形成了坚持真理、坚守理想，践行初心、担当使命，不怕牺牲、英勇斗争，对党忠诚、不负人民的伟大建党精神，这是中国共产党的精神之源。党的创建是中国共产党奋斗征程的起点，伟大建党精神是中国共产党人精神谱系的开篇，高度凝练了中国共产党革命文化的基本内涵和指向，跨越时空、历久弥新。其中，“践行初心、担当使命”“对党忠诚、不负人民”是中国共产党人廉洁品质的根本体现和要求。

苏区精神的内涵是：坚定信念、求真务实、一心为民、清正廉洁、艰苦奋斗、争创一流、无私奉献。“一心为民、清正廉洁”直接表达和彰显了中国共产党人的廉洁品质和要求。

延安精神的核心内容是：坚定正确的政治方向，解放思想、实事求是的思想路线，全心全意为人民服务的根本宗旨，自力更生、艰苦奋斗的创业精神。“全心全意为人民服务的根本宗旨”是中国共产党廉洁品质的目标指向和重要要求。

西柏坡精神内涵丰富。关于西柏坡精神的内涵有多种表述，认同较多、流传较广的概括为：“两个务必”的创业精神、“两个敢于”的进取精神、“两个坚持”的民主精神、“两个善于”的科学精神。其中，“两个务必”的内容是“务必使同志们继续地保持谦虚、谨慎、不骄、不躁的作风，务必使同志们继续地保持艰苦奋斗的作风”，这是中国共产党廉洁品质的重要内容和要求。

系统总结我们党反对腐败、建设廉洁政治的历史和经验，将历史实践和历史经验升华为理念认识。比如，新中国成立初期，我们党开展了针对党政机关工作人员的“三反”运动（反对贪污、反对浪费、反对官僚主义）和针对工商界的“五反”运动（反对行贿、反对偷税漏税、反对盗骗国家财产、反对偷工减料、反对盗窃国家经济情报）。“三反”运动中，查处县以上党政机关贪污千元以上者 10.8 万人，为参加“三反”运动总人数的 2.8%，受到行政处分的占 20.8%，其中，被判处有期徒刑的 9942 人，无期徒刑的 67 人，死刑立即执行的 42 人，死刑缓期执行的 9 人。“‘三反’运动教育了干部的大多数，挽救了犯错误的同志，清除了党和国家干部队伍中的贪污腐败分子”，“树立了国家工作人员的廉洁、朴素、为人民服务的工作作风”。[①] 作为夺取全国政权后第一场大规模反腐败斗争，“三反”“五反”运动的历史经验和蕴含的廉洁理念值得总结，故事值得讲述。

（四）学习和传承革命先辈的廉洁风范

革命战争年代，我们党无数革命先烈始终坚持艰苦朴素、勤俭节约，克己奉公、无私奉献，留下了许多可歌可泣的廉洁佳话，是新时代开展廉洁教育、推进廉洁文化建设的重要资源。

深入挖掘宣传革命先辈的廉洁事迹。习近平总书记深情讲道：“在一百年的非凡奋斗历程中，一代又一代中国共产党人顽强拼搏、不懈奋斗，涌现了一大批视死如归的革命烈士、一大批顽强奋斗的英雄人物、一大批忘我奉献的先进模范。”[②] 回看党的奋斗历程，可歌可

---

① 中共中央党史研究室：《中国共产党历史》第 2 卷（1949—1978，上），中共党史出版社 2011 年版，第 162 页。

② 《习近平著作选读》第 2 卷，人民出版社 2023 年版，第 423-424 页。

泣的奉献故事、牺牲故事不胜枚举，这是新时代讲好党的廉洁故事不可多得的重要资源。近年来，党史研究不断深化，对革命英烈和模范人物事迹的发掘越来越多，为宣传革命先辈的廉洁事迹打下了很好的基础。我们要进一步挖掘革命先辈的廉洁事迹，既要有事关大是大非的“大事迹”，也要有那些接地气的“小事迹”，彰显革命先辈的崇高品格，让革命先辈的廉洁事迹“活起来”。比如，李大钊是中国共产党的主要创始人之一，他的思想理论是党的宝贵财富，廉洁思想也是其重要组成部分。李大钊一生奉行简易生活，他在《简易生活之必要》一文中指出：“今欲有以救之，舍提倡简易之生活，别无善途。衣食宜俭其享用，戚友宜俭其酬应，物质宜俭其销耗，精神宜俭其劳役。”李大钊强调简易生活要从自身做起，“吾人自有其光明磊落之人格，自有真实简朴之生活，当珍之、惜之、宝之、贵之”。[①] 李大钊一生都力行简约生活理念，做到了知行合一。李大钊的学生张尔岩回忆：“先生每天上下班不坐车，中午自带干粮，有时是一张大饼，有时是两个馒头或窝头，就点小菜和白开水下肚。”张尔岩劝李大钊加强营养，李大钊回答：“美味佳肴人皆追求，我何尝不企享用，时下国难当头，众同胞食不果腹，衣不遮体，面对这种局面，怎忍只图个人享受，不思劳苦大众疾苦呢?”李大钊的简约生活、廉洁奉公的理念，对于化解市场经济和消费社会对党员干部带来的影响和冲击，具有醍醐灌顶之效。

利用各种场合和资源宣传革命先辈的廉洁风范。革命先辈的廉洁事迹天然具有故事性，十分可感，具有重要的传播价值。一方面，要运用好革命博物馆、纪念馆、党史馆、新时代社会文明实践中心等传

① 中国李大钊研究会编注：《李大钊全集》第 2 卷，人民出版社 2006 年版，第 118、119 页。

统红色资源抓好革命先辈廉洁风范的宣传；另一方面，要开辟互联网阵地、旅游景点、大中小学课堂、党课阵地等新的资源，以更加接地气的方式和途径，深化宣传工作。

链　接

杨匏安：为官清廉的模范

杨匏安，1896 年 11 月出生于广东省香山县（今珠海市）南屏乡北山村一个破落的茶商家庭。幼年丧父，家里仅靠母亲做些手工维持生活。杨匏安曾留学日本，是马克思主义的坚定信仰者，在广东大力宣传马克思主义，与李大钊被党史界称为早期宣传马克思主义的“北李（李大钊）南杨（杨匏安）”。

1926 年 1 月，国民党二大在广州召开，杨匏安当选为国民党中央执行委员，并成为九个中央常委之一，负责处理国民党中央日常事务。1927 年 5 月，中共五大成立了党的历史上第一个中央纪律检查机构——中央监察委员会，杨匏安当选为中央监委副主席。不论担任何种职务，杨匏安都坚持清廉做事、清白做人。

第一次国共合作期间，杨匏安身居国民党要职，但始终保持廉洁朴素的作风。“他那时一个月的薪金有 300 多大洋，足以买田、买地。但他把绝大部分钱都交给党做活动经费，只留下极少的一部分作为家用。因此，我们家里也就不可避免地清贫、困难了，家人都必须去做工贴补家用。”杨匏安之子杨文伟回忆。

省港大罢工期间，杨匏安管理着大量钱财，却从未发生挪用贪占行为。有一天，他的孩子在存放过罢工捐款的麻袋里捡到一枚硬币，杨匏安发现后让他们立刻送回省港罢工委员会去。他对孩子说：“这是公家的钱，一分一文都不能要！”并告诫家人：“我们不能做贪小便宜、不干不净的事情。”

大革命失败后，杨匏安在白色恐怖严重的上海。他当时正身患肺病，7个孩子中有2个因无钱治病而夭折，一家人生活异常艰苦，但他从不向组织叫苦、伸手。他白天当编辑校对，晚间加紧写作和翻译，还要帮家人推磨做米糍，让母亲和孩子清晨上街叫卖，换钱维持全家的生活。

1931年8月4日，杨匏安在上海英勇就义。就义前，他作了一首《示难友》：“慷慨登车去，相期一节全。残生无可恋，大敌正当前。知止穷张俭，迟行笑褚渊。从兹分手别，相视莫潸然。”

周恩来对杨匏安高度评价：“杨匏安为官清廉，一丝不苟，称得上是模范。”

（资料来源：《杨匏安：“死可以，变节不行！”》，中央纪委国家监委网站2019年7月10日）

二、用社会主义先进文化培育廉洁文化土壤

文化有先进和落后之分。先进文化是人类物质文明和精神文明发展的结晶，是先进的政治、经济和科技的反映，是推动人类社会进步的精神动力和智力支持。社会主义先进文化是以马克思主义为指导，在社会主义政治和经济基础上形成的，是“体现生产力发展要求，顺应历史发展潮流，反映时代变革精神，代表未来发展方向，是健康的、科学的文化”①。新时代廉洁文化建设离不开社会主义先进文化的指

① 高超、张亚东、巩永丹：《社会主义先进文化与当代中国》，人民日报出版社2019年版，第5页。

引，离不开社会主义先进文化培育起来的丰厚文化土壤。

（一）社会主义先进文化为新时代廉洁文化建设提供指引

社会主义先进文化是“面向现代化、面向世界、面向未来的，民族的科学的大众的社会主义文化”①，代表着中国文化的发展方向，不仅指引着新时代廉洁文化建设，也为新时代廉洁文化建设提供了强有力的支持。

廉洁文化属于社会主义先进文化范畴，是社会主义先进文化的重要标志。社会主义先进文化的核心要素主要有四点：以马克思主义为指导，以社会主义核心价值观为灵魂，面向现代化、面向世界、面向未来，民族的科学的大众的文化。只要符合这四个要素的文化，都属于先进文化范畴。廉洁文化是以廉洁为核心价值的思想理念、制度规范、行为方式的总和，与社会主义先进文化的核心要素高度契合，属于社会主义先进文化的范畴，也是社会主义先进文化的重要标志。正如学者张国臣等所言：“缺乏廉洁理念的文化不是先进的文化，排斥廉洁精神的文化是腐朽没落的文化。”② 廉洁文化对先进文化的从属性和两者高度的契合性，为社会主义先进文化指引廉洁文化建设提供了前提和基础。

廉洁文化的核心理念来自社会主义先进文化。顾名思义，廉洁文化的核心理念是“廉”和“洁”。古人云：“不受曰廉，不污曰洁。”廉是清廉，不贪取不应得的东西，与“贪”相对；洁是洁白、干净，指人生光明磊落的态度，与“污”相对。马克思认为社会主义政权建立的是廉洁政府、廉价政府，强调通过建立人民自己的政权，赋予人

---

① 《习近平著作选读》第 1 卷，人民出版社 2023 年版，第 35 页。

② 张国臣等：《社会主义廉洁文化建设论》，人民出版社 2011 年版，第 94 页。

民真正的选举权、决定权，对国家权力进行有效监督来实现廉洁、廉价政府的目标。马克思认为，巴黎公社最重要的遗产是建立廉价政府，“公社一定会使农民免除血税，一定会给他们一个廉价政府，一定会用他们自己选举出来并对他们负责的雇佣的公社官吏去代替现今吸吮他们血液的公证人、律师、法警和其他法庭吸血鬼”①。廉洁是廉价的基础，廉洁是一种政治大德、社会公德、个人美德，是马克思主义所倡导的美德，蕴含于社会主义核心价值观中。正如习近平总书记所言：“核心价值观，其实就是一种德，既是个人的德，也是一种大德，就是国家的德、社会的德。国无德不兴，人无德不立。”②

廉洁文化建设需要马克思主义的思想指导，需要社会主义先进文化的方向指引。习近平总书记强调：“无论时代如何变迁、科学如何进步，马克思主义依然显示出科学思想的伟力，依然占据着真理和道义的制高点。”③ 新时代廉洁文化建设要始终坚持马克思主义的指导，遵循社会主义先进文化的原则要求，这是确保廉洁文化建设正确方向的根本。

（二）践行社会主义核心价值观

习近平总书记强调：“核心价值观，承载着一个民族、一个国家的精神追求，体现着一个社会评判是非曲直的价值标准”，“我们提出的社会主义核心价值观，把涉及国家、社会、公民的价值要求融为一体，既体现了社会主义本质要求，继承了中华优秀传统文化，也吸收

① 《马克思恩格斯全集》第17卷，人民出版社1963年版，第364-365页。

② 《习近平著作选读》第1卷，人民出版社2023年版，第238-239页。

③ 习近平：《在哲学社会科学工作座谈会上的讲话》，《人民日报》2016年5月19日。

了世界文明有益成果，体现了时代精神”。[1]

在中国大地，社会主义核心价值观已经耳熟能详。社会主义核心价值观的内容有三个层面：富强、民主、文明、和谐是国家层面的价值要求，自由、平等、公正、法治是社会层面的价值要求，爱国、敬业、诚信、友善是公民层面的价值要求。社会主义核心价值观科学回答了我们要建设什么样的国家、建设什么样的社会、培育什么样的公民的重大问题。社会主义核心价值观是社会主义先进文化的内核，是中国人的最大公约数，是中国人集体约定、共同遵守的价值理念。

社会主义核心价值观蕴含廉洁文化的内核和要求，是廉洁文化建设的价值支撑和方向指引。国家层面的民主、文明当然包括廉洁的价值和要求，没有廉洁的执政党和政府，不可能称之为文明；廉洁政治下才有真正的民主，民主参与、民主监督，是保证廉洁的重要方式和手段。社会层面的自由、平等、公正、法治与廉洁密切相关，平等是廉洁的基础，廉洁的对立面——贪腐，体现的就是社会不平等，对平等权利的保障，是推动廉洁的重要力量；公正是廉洁的重要内容，法治是廉洁的重要体现和保障。公民层面的敬业、诚信等也与廉洁息息相关，诚信是廉洁的重要标准和保障，没有诚信，就不可能有廉洁；无论是党员、干部还是普通群众，都要把廉洁作为敬业的一个重要组成部分，否则敬业就要变质、变味。

新时代，以社会主义核心价值观为指引推动新时代廉洁文化建设，要重点抓好三个方面：

第一，不断深化社会主义核心价值观的宣传教育，推动入脑入心。党的十八大正式提出了社会主义核心价值观，迄今已经超过 10 年。从进入大中小学教材和课堂、各种主题宣传到街边的标语口号，社会主

① 《习近平著作选读》第 1 卷，人民出版社 2023 年版，第 238、239-240 页。

义核心价值观的宣传教育取得了重大进展，在一定程度上实现了内化于心、外化于行。要在已经取得成绩的基础上，结合新时代新征程社会主义先进文化建设、廉洁文化建设、全面从严治党等各项工作的要求，不断探索新的途径、方式和方法，把社会主义核心价值观更好地融入教育工作、法治建设、社会发展和日常生活，把社会主义核心价值观宣传教育推向深入。

第二，充分挖掘社会主义核心价值观的廉洁元素，将廉洁文化建设有机融入社会主义核心价值观教育。廉洁价值贯穿社会主义核心价值观，要结合群众生活和各行各业工作，充分挖掘其中的廉洁元素，有效发挥社会主义核心价值观在廉洁文化建设中的支撑和指向作用。比如，在国家层面，要分析廉洁在富强、民主、文明、和谐四个价值观中的特殊地位和意义，说明没有廉洁作为保障，建设富强、民主、文明、和谐的国家是不可能的；在公民个体层面，要阐释廉洁与爱国、敬业、诚信、友善的内在联系，说明廉洁价值在其中的地位和意义，通过对爱国、敬业、诚信、友善的宣传解释，推进对广大群众的廉洁价值宣传，培植廉洁的社会土壤。正如习近平总书记指出的："倡导和弘扬忠诚老实、光明坦荡、公道正派、实事求是、艰苦奋斗、清正廉洁等价值观，旗帜鲜明抵制和反对关系学、厚黑学、官场术、潜规则等庸俗腐朽的政治文化，不断培厚良好政治生态的土壤。"①

第三，以社会主义核心价值观为引领，探索构建行业特色廉洁文化形态。不同的行业，运作模式、属性特征等各有特点，要根据行业特点学习宣传贯彻社会主义核心价值观，廉洁文化建设也是如此。要根据行业属性和特点，将教育引导、实践养成、制度保障有机结合，建构各具特色、生动活泼的廉洁文化形态，如此，以社会主义核心价值

① 《习近平著作选读》第1卷，人民出版社2023年版，第523页。

值观引领廉洁文化建设才更具针对性、实效性。比如，在教育领域，一方面，要利用社会主义核心价值观进教材、进课堂的优势，结合校园文化建设，根据不同学段学生的特点，采用生动活泼的形式推动学生廉洁教育；另一方面，要针对教师行业的具体情况，利用教师教育教学职责任务的特点，强调先当学生、再当先生，在教师队伍中开展廉洁文化建设，构建特色鲜明的教育行业廉洁文化形态。

链　接

上海金融法院“金廉铁纪”廉政文化

党的二十大报告提出：“以社会主义核心价值观为引领，发展社会主义先进文化。”近年来，上海法院坚持守正创新，大力弘扬以忠诚为民、崇法尚德、公正廉洁、刚正不阿、改革创新为主要内容的新时代人民法院文化，不断推动上海法院文化繁荣发展。

2018 年 8 月 20 日，伴随中国司法体制改革的步伐和上海国际金融中心建设的推进，上海金融法院应运而生。金融审判敏感复杂，社会高度关注。作为全国首家金融专门法院，上海金融法院审理的案件涉及金额动辄上亿，甚至十几亿、几十亿。审判执行人员犹如“刀尖上的舞者”，处在利益纷争的风口浪尖，时时经受着金钱、人情等各种诱惑考验。

上海金融法院全力打造“金廉铁纪”廉政文化，在润物无声中着力培养全体干警“以清为美、以廉为荣”的价值理念和行为习惯。建院以来办理案件 3.2 万余件，标的总额 8500 多亿元，未发生一起违纪违法案件。先后涌现出“全国法院审判业务专家”“全国法院优秀法官”“全国法院办案标兵”等一大批先进典型，建党百年被最高人民法院授予“党建工作先进集体”荣誉称号。

上海金融法院全院上下人人学制度、事事讲规矩、处处有监督、时时守纪律蔚然成风。建院不久即编印涵盖党组工作、审判业务、队伍建设、行政管理4个类别共70余项内容的《上海金融法院规章制度汇编》。修订完善各项制度机制，细化事务办理流程，进一步形成109项内容的新版制度汇编，扎紧了制度“笼子”，为法官清正、司法清明、风气清朗提供了有力的制度支撑。

“金廉铁纪”既是一种价值取向，更是一种实践指向。上海金融法院紧紧围绕“努力让人民群众在每一个司法案件中感受到公平正义”的目标，以思想教育为先，以行为引领为要，以制度机制为本，不断厚植廉洁司法的文化土壤。

（资料来源：《守廉如金，遵纪如铁：上海金融法院“金廉铁纪”廉政文化》，上海高院官方微博号2022年12月22日）

（三）用好新时代全面从严治党成功经验

全面从严治党不仅是新时代全面推进党的建设的根本战略，也具有社会主义先进文化建设的重要意义。全面从严治党不仅要清除党的肌体上存在的各种病毒，恢复和保持党的肌体健康，也要构建积极健康的党内政治文化，净化和修复党内政治生态。正如习近平总书记所言，“党内政治文化‘日用而不觉’”[①]，这种“日用而不觉”，正是文化的价值和优势所在，也是全面从严治党所要建立的廉洁文化的目标所在。

党的十八大以来，中国共产党以加强党的长期执政能力建设、先进性和纯洁性建设为主线，以党的政治建设为统领，以坚定理想信念

① 《习近平著作选读》第2卷，人民出版社2023年版，第185页。

宗旨为根基，以调动全党积极性、主动性、创造性为着力点，不断提高党的建设质量，把党建设成为始终走在时代前列、人民衷心拥护、勇于自我革命、经得起各种风浪考验、朝气蓬勃的马克思主义执政党。党中央发扬钉钉子精神，持之以恒纠治“四风”，反对特权思想和特权现象，狠刹各种不正之风，解决群众反映强烈、损害群众利益的突出问题，刹住了一些过去被认为不可能刹住的歪风，治理和纠正了一些多年未除的顽瘴痼疾，党风、政风、社会风气为之一新。全力推动各级领导干部解决好世界观、人生观、价值观这个“总开关”问题，先后开展党的群众路线教育实践活动、“三严三实”（严以修身、严以用权、严以律己，谋事要实、创业要实、做人要实）专题教育、“两学一做”（学党章党规、学系列讲话，做合格党员）学习教育、“不忘初心、牢记使命”主题教育、党史学习教育等，推进学习型政党建设，筑牢党员干部信仰之基、补足精神之钙、把稳思想之舵。坚持无禁区、全覆盖、零容忍，坚持重遏制、强高压、长震慑，以猛药去疴、重典治乱的决心，以刮骨疗毒、壮士断腕的勇气，坚定不移“打虎”“拍蝇”“猎狐”，反腐败斗争取得压倒性胜利并不断巩固。全面从严治党战略使清风正气得到弘扬、崇德尚廉蔚然成风，有力地推动了廉洁文化建设。

党的十八大以来，我们对建设什么样的长期执政的马克思主义政党、怎样建设长期执政的马克思主义政党的规律性认识达到新的高度，具体表现为“九个坚持”：坚持党中央集中统一领导；坚持党要管党、全面从严治党，以伟大自我革命引领伟大社会革命；坚持以党的政治建设为统领，保证全党在政治立场、政治方向、政治原则、政治道路上同党中央保持高度一致；坚持严的主基调不动摇，提高纪律建设的政治性、时代性、针对性；坚持发扬钉钉子精神加强作风建设，以优良党风带动社风民风向上向善；坚持以零容忍态度惩治腐败，坚定不移走中国特色反腐败之路；坚持纠正一切损害群众利益的腐败和不正之风，让人民群众感到公平正义就在身边；坚持抓住“关键少数”以上率下，压紧压实全面从严治党政治责任；坚持完善党和国家监督制度，形成全面覆盖、常态长效的监督合力。①

新时代廉洁文化建设，必须用好全面从严治党成功经验和规律性认识，让自觉接受监督、自觉遵守党纪国法、明大德守公德严私德成为“日用而不觉”的日常理念和下意识行为，成为党员干部的生活方式。

链　接

宁德市纪委监委打出“五廉五践”组合拳，构建廉洁文化新格局

福建省宁德市纪委监委立足闽东深厚文化积淀，提出加强新时代宁德市廉洁文化建设“五廉五践”工作机制，打出廉洁文化建设“组合拳”，积极营造风清气正的良好政治生态。

打造廉洁文化地标，建设廉洁文化品牌。立足宁德丰厚的廉洁文化资源，精心打造“全面从严治党体验式教育专线”，将散落在闽东大地的廉洁文化元素“串”联起来，以点带面铺就全域清风廉路，使广大干部群众时时处处受到清廉文化的教育熏陶感染。

选树清廉人物典型，营造廉洁文化之风。通过访清廉人物、晒清廉事迹、树清廉典型、展清廉风采，深入挖掘和弘扬闽东勤廉人物事迹和勤廉思想，评选“勤廉闽东人物”和“红廉闽东人物”，充分发挥廉洁典型人物的精神引领、典型示范作用。

传承清廉家风家教，厚植廉洁文化根基。利用电视专题开展“廉

① 参见《习近平著作选读》第2卷，人民出版社2023年版，第592-594页。

洁家风闽东行”，每县组织一期家风家教节目，微信公众号同步开设“闽东好家风”专栏，分级分类开展领导干部家风家教系列访谈，推动廉洁教育融入家庭日常生活。

策划廉洁文化作品，推进廉洁文化建设。组织创作一批兼具思想性、艺术性和观赏性的廉洁文化精品力作，因时而动进行全媒体、多形态、多落点传播，使廉洁文化元素有效渗透到广大干部群众日常生活，营造和弘扬崇尚廉洁、抵制腐败的良好社会风尚。

编印廉洁系列书籍，加强廉洁文化教育。以孙丽美、杨春、周炳耀等先进典型事迹为题材，策划《新时代闽东楷模风采》系列连环画，出版《清风闽东》，选取典型案例，编印案例通报、忏悔录、案例剖析等警示教育材料，促进干部清正、政府清廉、政治清明。

在“五廉并举”基础上，在全市范围内开展“走廉路、思奋进”“进廉馆、润初心”“听廉课、知敬畏”“践廉行、扬正气”“传廉风、树新风”五个廉政教育实践活动，推动廉洁文化建设向社会领域延伸，不断营造廉荣贪耻、向上向善的社会氛围。

（资料来源：《宁德市纪委监委：打造“五廉五践”组合拳，构建廉洁文化新格局》，人民网—福建频道 2022 年 4 月 5 日）

（四）推进廉洁制度建设

制度与文化密不可分。一方面，制度是文化的一种形态。文化有精神文化、物质文化、制度文化等不同形态，制度文化是社会主义先进文化的有机组成部分，廉洁自律制度是廉洁文化最为基础和最为重要的部分。另一方面，制度是文化的保障。文化需要制度来传承和保护。文化之所以能够“日用而不觉”，一个重要原因是文化成了特定族群的制度和习俗，形成了特定的社会心理，是“理当如此”的生活方式。

制度具有规范、预期、协调、激励、惩处、整合等重要功能。习近平总书记强调，“制度是关系党和国家事业发展的根本性、全局性、稳定性、长期性问题”①，铲除不良作风和腐败现象滋生蔓延的土壤，从根本上讲还是得靠法律制度和党内法规。党的十八大以来，以习近平同志为核心的党中央提出“四个全面”战略布局，其中，全面依法治国、全面从严治党战略的核心之一就是加强制度建设，不断深化依法治国、依规治党，廉洁制度建设是其中的基础性内容，目的是构建完善的廉洁自律制度，丰富廉洁文化，一体推进不敢腐、不能腐、不想腐。

新时代廉洁文化建设必须同制度建设结合起来，以制度建设引领、推动和保障廉洁文化建设。

一方面，要将廉洁要求转化为制度规范，推动廉洁制度成熟、定型和完善。在国家层面，要根据反腐败斗争和廉洁文化建设发展实际，不断完善法律制度和党内法规，不仅要把权力关进制度的“笼子”里，推动不敢腐、不能腐、不想腐有机统一，用科学严密的制度来引导党员、干部廉洁自律。在社会层面，广大企事业单位要结合自身实际，把合规管理放在经营管理的第一位，深化内部廉洁制度建设，强化内部风险控制，构建以清廉敬业、廉洁从业为核心的组织文化。制度建设关键在精、在有效，“不管建立和完善什么制度，都要本着于法周延、于事简便的原则，注重实体性规范和保障性规范的结合和配套，确保针对性、操作性、指导性强”②。革命年代，红军的“三大纪律八项注意”就那么几条，容易记也容易执行，效果很好。这些好的

---

① 《习近平著作选读》第 2 卷，人民出版社 2023 年版，第 226 页。

② 《十八大以来重要文献选编》（上），中央文献出版社 2014 年版，第 318 页。

制度建设经验要继承和发扬。

另一方面，强化制度执行，增强制度生命力。制度的生命在于执行，有法不依比无法可依更可怕、后果更严重，因为它严重破坏制度的权威性和尊严，甚至让蔑视制度、违背制度成为习惯。习近平总书记针对制度不落实的情况提出了尖锐批评："党纪国法不能成为'橡皮泥''稻草人'，无论是因为'法盲'导致违纪违法，还是故意违规违法，都要受到追究，否则就会形成'破窗效应'。明代冯梦龙在《警世通言》中说：'人心似铁，官法如炉。'意思是任人心中冷酷如铁，终扛不住法律的熔炉。法治之下，任何人都不能心存侥幸，都不能指望法外施恩，没有免罪的'丹书铁券'，也没有'铁帽子王'。"① 新时代廉洁文化建设，要不断强化制度刚性意识，以制度刚性引导党员、干部、群众形成合理预期，进而塑造观念，引导行为，形成必须按制度规定办事，违反制度规定必然受罚的社会心理，从根本上推动廉洁文化建设。

链　接

广州医药股份有限公司廉洁合规"123"工作模式

合规管理是企业经营管理中保障廉洁、防控风险的基本手段。"123"模式是广州医药股份有限公司在梳理廉洁合规体系过程中，总结多年经验，形成符合企业特色的廉洁合规工作框架，荣获第三届"中国廉洁创新奖"提名奖。具体内容为：以"打开1个信息化'新'局面，抓住2个关键'联动点'，坚持3个'廉洁文化'教育传统"，

① 《习近平关于严明党的纪律和规矩论述摘编》，中央文献出版社、中国方正出版社2016年版，第86-87页。

铸就廉洁合规“中西合璧”“硬科技+软文化”。

科技赋能，开创纪检监察信息化管理“新”局面。广州医药纪委联同外方股东的监察、风控团队，共同开发和建立相关廉政监督和教育“2+2平台”（即2个监督平台和2个教育平台），进一步提升廉洁合规的效能效益。

巧借外力，与业务“联”动、与外方股东“联”动。开展清收监督，加强廉洁合规与企业业务的有效融合。与外方股东合规部门形成合力，充分借鉴外方先进的现代合规理念，监督前移，构建反贪污反腐败防控体系。

文化传承，坚持具有企业特色的党风廉政教育优良传统。连续多年开展“反赌博反职务犯罪专题教育月活动”“预防职务犯罪检企共建”“好家风主题教育活动”等廉政活动，久久为功，有效营造风清气正的内部生态。

廉洁合规“123”模式，一方面结合了外方股东“沃博联”先进的风控经验，固廉洁合规之本；另一方面结合了中方股东广药集团中医药“治未病”理念，培廉洁合规之元，构建了医药企业特色廉洁文化。

（资料来源：《中西结合，标本兼治——新时代国有控股中外合资企业廉洁合规“123”工作模式》，“清华大学纪检监察研究院”微信公众号）

三、用中华优秀传统文化涵养精神境界

廉洁文化建设必须建立在本民族传统文化上，从优秀传统文化中汲取生生不息、发展壮大的养分。习近平总书记强调：“文明特别是

思想文化是一个国家、一个民族的灵魂。无论哪一个国家、哪一个民族，如果不珍惜自己的思想文化，丢掉了思想文化这个灵魂，这个国家、这个民族是立不起来的。”[①] “优秀传统文化是一个国家、一个民族传承和发展的根本，如果丢掉了，就割断了精神命脉。”[②] 中华优秀传统文化源远流长、博大精深，是中华文明的智慧结晶，其中蕴含丰富的廉洁思想，构成了特色鲜明的中华廉洁文化，这是中国人民在长期生产生活中积累的人生观、政治观、社会观、道德观的重要体现。新时代廉洁文化建设，必须不断增强文化自信，深入挖掘中国传统人文精神、价值理念、道德规范，推动中华优秀传统文化创造性转化、创新性发展。

（一）中华优秀传统文化能够启智润心

中华优秀传统文化是中华民族的根，是中华民族的基因，植根于中国人的内心，潜移默化影响着中国人的思想方式和行为方式，以至于我们“日用而不觉”。比如，中华文化强调“民惟邦本”“天下为公”“仁者爱人”“君子喻于义”“己所不欲，勿施于人”“和而不同”“天行健，君子以自强不息”，主张以德治国、以文化人，强调诚信立身，“人而无信，不知其可也”“德不孤，必有邻”，等等，这些具有鲜明民族特色的精神文化饱含廉洁文化元素，具有永不褪色的时代价值，是新时代廉洁文化建设的重要文化源泉和精神滋养。

中国历朝历代高度重视道德教化，“四维八德”是其核心，“廉”在其中占据重要位置。四维即“礼、义、廉、耻”，八德即“孝、悌、忠、信、礼、义、廉、耻”。《管子》云：“国有四维，一维绝则倾，

① 《习近平著作选读》第1卷，人民出版社2023年版，第279页。

② 《习近平著作选读》第1卷，人民出版社2023年版，第281页。

二维绝则危，三维绝则覆，四维绝则灭。倾可正也，危可安也，覆可起也，灭不可复错也。何谓四维？一曰礼，二曰义，三曰廉，四曰耻。礼不逾节，义不自进，廉不蔽恶，耻不从枉。故不逾节则上位安，不自进则民无巧诈，不蔽恶则行自全，不从枉则邪事不生。”封建时代的“四维八德”自然有其历史局限性，不能照抄照搬，但其彰显的道德教化精神依然具有时代价值，具有指引方向、启迪人心的作用。

习近平总书记强调：“中国优秀传统文化的丰富哲学思想、人文精神、教化思想、道德理念等，可以为人们认识和改造世界提供有益启迪，可以为治国理政提供有益启示，也可以为道德建设提供有益启发。”① 中华优秀传统文化具有启智润心的重要价值，对新时代廉洁文化建设意义重大。比如，中华优秀传统文化特别是其中蕴含的丰富廉洁文化思想、制度实践以及模范人物，为新时代廉洁文化建设提供了丰厚资源；以儒家文化为核心的中国传统廉洁思想及其制度实践，为新时代廉洁文化建设提供了重要的历史智慧，一些朝代严重的贪腐问题以及反腐败失败的教训，也蕴含着重要的“反面启示”；中华优秀传统文化推崇和追求的理想人格特别是“君子人格”，为新时代廉洁文化建设提供了目标参考和文化滋养；儒家思想强调的成为人、成为君子、成为圣人和修身、齐家、治国、平天下，为新时代廉洁文化建设提供了重要的目标指向和路径参考。

链　接

习近平总书记论中华优秀传统文化

“中国共产党人是马克思主义者，坚持马克思主义的科学学说，

① 《习近平著作选读》第1卷，人民出版社2023年版，第278页。

坚持和发展中国特色社会主义，但中国共产党人不是历史虚无主义者，也不是文化虚无主义者。我们从来认为，马克思主义基本原理必须同中国具体实际紧密结合起来，应该科学对待民族传统文化，科学对待世界各国文化，用人类创造的一切优秀思想文化成果武装自己。”①

“优秀传统文化是一个国家、一个民族传承和发展的根本，如果丢掉了，就割断了精神命脉。我们要善于把弘扬优秀传统文化和发展现实文化有机统一起来，紧密结合起来，在继承中发展，在发展中继承。”②

“世界上一些有识之士认为，包括儒家思想在内的中国优秀传统文化中蕴藏着解决当代人类面临的难题的重要启示，比如，关于道法自然、天人合一的思想，关于天下为公、大同世界的思想，关于自强不息、厚德载物的思想，关于以民为本、安民富民乐民的思想，关于为政以德、政者正也的思想，关于苟日新日日新又日新、革故鼎新、与时俱进的思想，关于脚踏实地、实事求是的思想，关于经世致用、知行合一、躬行实践的思想，关于集思广益、博施众利、群策群力的思想，关于仁者爱人、以德立人的思想，关于以诚待人、讲信修睦的思想，关于清廉从政、勤勉奉公的思想，关于俭约自守、力戒奢华的思想，关于中和、泰和、求同存异、和而不同、和谐相处的思想，关于安不忘危、存不忘亡、治不忘乱、居安思危的思想，等等。中国优秀传统文化的丰富哲学思想、人文精神、教化思想、道德理念等，可以为人们认识和改造世界提供有益启迪，可以为治国理政提供有益启示，也可以为道德建设提供有益启发。”③

---

① 《习近平著作选读》第 1 卷，人民出版社 2023 年版，第 282 页。

② 《习近平著作选读》第 1 卷，人民出版社 2023 年版，第 281 页。

③ 《习近平著作选读》第 1 卷，人民出版社 2023 年版，第 277-278 页。

“中华文明延续着我们国家和民族的精神血脉，既需要薪火相传、代代守护，也需要与时俱进、推陈出新。”①

（二）汲取中华传统廉洁文化精华

我国著名学者钱穆认为，“中国文化是以‘道德精神’为其最高领导的一种文化。由道德精神具体落实到政治。这一种政治，亦该是道德性的政治。再由政治控制领导着经济。这一种经济，亦该是道德性的经济。至于文学艺术，莫不皆然。其最高领导者，还是道德精神。”② 无论是掌握公权力的执政者还是普通社会大众，廉洁都是一种基本而又至关重要的道德精神。中华传统文化作为“以道德精神为其最高领导的一种文化”，蕴含着丰富的廉洁文化思想资源，新时代廉洁文化建设必须汲取其精华。正如毛泽东所言：“我们这个民族有数千年的历史，有它的特点，有它的许多珍贵品。对于这些，我们还是小学生”，“从孔夫子到孙中山，我们应当给以总结，承继这一份珍贵的遗产”。③

《论语》是集中体现儒家思想理论、政治主张、道德观念的重要著作，北宋宰相赵普曾说“半部《论语》治天下”，生动反映《论语》的价值和意义。修身、廉洁贯穿《论语》全文，《论语》有众多有关廉洁的金句，例如，“其身正，不令而行；其身不正，虽令不从”；“为政以德，譬如北辰，居其所而众星共之”；“君子喻于义，小人喻于利”；“不义而富且贵，于我如浮云”；“奢则不孙，俭则

① 《习近平著作选读》第1卷，人民出版社2023年版，第480页。

② 钱穆：《文化学大义》，九州出版社2012年版，第75页。

③ 《毛泽东选集》第2卷，人民出版社1991年版，第533-534页。

固；与其不孙也，宁固”；“德之不修，学之不讲，闻义不能徙，不善不能改，是吾忧也”；等等。这些金句生动彰显了我国崇德尚廉、廉为政本、持廉守正的优秀文化传统，是跨越时空、历久弥新的廉洁思想。

在我国古代，廉洁不仅是思想理念和道德教化，也是重要的制度文化。历朝历代对官员的考核指标中，廉占据第一位。如《周礼·天官冢宰第一·小宰》记载，考核官员主要有六个方面的指标：“一曰廉善，二曰廉能，三曰廉敬，四曰廉正，五曰廉法，六曰廉辨。”这六个方面涵盖广泛，但都以“廉”字开头。

习近平总书记对中华优秀传统文化多次做过深刻总结，对其中蕴含的廉洁思想有深刻论述。比如，他强调，大道之行、天下为公的大同理想，德主刑辅、以德化人的德治主张，民贵君轻、政在养民的民本思想，法不阿贵、绳不挠曲的正义追求，孝悌忠信、礼义廉耻的道德操守，任人唯贤、选贤与能的用人标准，以及清廉从政、勤勉奉公、俭约自守、力戒奢华的思想，等等。[①] 习近平总书记指出的这些传统文化思想，都是中国廉洁文化的精华所在，是新时代廉洁文化建设不可多得的宝贵资源。

链　接

真正的“礼”是什么

《管子》曰：“何谓四维？一曰礼，二曰义，三曰廉，四曰耻。礼不逾节，义不自进，廉不蔽恶，耻不从枉。故不逾节则上位安，不自进则民无巧诈，不蔽恶则行自全，不从枉则邪事不生。”作为中国传

① 参见《习近平著作选读》第2卷，人民出版社2023年版，第278页。

统道德规范的礼义廉耻，从数千年的历史文化中传承发展而来，蕴含着先贤深远的智慧。

下面我们说说被误解最多的“礼”。

中华民族素有礼仪之邦的美称，向来强调知书达礼，以诗礼传家。孔子说：“不学礼，无以立。”有些人觉得，古代的礼可能只是一些无用的繁文缛节。实际上，持这种观点的人并没有领会到“礼”的真正精神。礼其实是指有礼有节，遵纪守法。它有一个很重要的作用，就是建立界限。简单地说，就是让人们在潜移默化中受到熏陶，养成为人处世不过分、不越界的习惯。现在很多人谈到“礼”，总想到送礼、讲人情、拉关系，把“礼”等同于礼金、礼品。这是对“礼”的认识不正确导致的。有的干部红白喜事虽不请客却收礼，认为这是正常的人情往来，有的送礼和收礼穿上“隐身衣”，礼品册、电子礼品卡等花样繁多。巨大的人情关系网，把一些人网在里面。你来我往，彼此间有着还不清的人情债；你有圈子，我有圈子，大家竞相找圈子、入圈子，人际关系因此变得复杂庸俗。传统的礼德精神逐渐被污染，变成了收受贿赂、贪得无厌的遮羞布。

我们必须回到经典中，去还原“礼”的真实面目，遏制住打着“礼”的幌子搞不正当交易的歪风邪气。《群书治要·礼记》说：“道德仁义，非礼不成；教训正俗，非礼不备；分争辨讼，非礼不决。”可见，在中华文化中，礼是秩序的代表，其核心是“敬”，是对人、事、物怀有诚敬之心的外在体现。

对于个人，礼意味着礼仪教养，它不仅是与人交往的尺度，也是自身道德涵养的体现。对于社会，礼意味着法纪法规、条例规范，是对秩序的维护，也是对人们的保护。对于天地万物，礼意味着诚敬有度，表达的是对万物生灵的敬畏。因此，礼的实质，是知敬畏、守规矩、遵法纪、有教养。今天的各种纪念庆典活动、国礼互赠等，都是传统礼德的体现，发挥着社会教化的作用。

（资料来源：《礼义廉耻　国之四维——传统德目的现代阐释（下）》，《中国纪检监察报》2023年3月10日）

（三）推动中华传统廉洁文化创造性转化和创新性发展

传统文化既有精华，也有糟粕，一方面，我们要汲取其中的营养，择善而用；另一方面，要以马克思主义为指导，以社会主义先进文化特别是社会主义核心价值观为指引，推动传统文化不断发展，激活其生命力。正如习近平总书记指出的："讲弘扬和保护各民族传统文化，不是原封不动，更不是连同糟粕全盘保留，而是要去粗取精、推陈出新，努力实现创造性转化和创新性发展。"[①]

就廉洁或贪腐问题而言，老祖宗给我们留下了以民为本、崇俭戒奢、崇廉抑贪的廉洁文化，留下了众多反腐败的经验和智慧，但贪腐问题也始终是封建王朝面对的致命问题，封建王朝的反腐败斗争大多功败垂成，这也是造成"其兴也勃焉，其亡也忽焉"的历史周期率的根本原因之一，留下了诸多惨痛的历史教训。中国历史上既有廉洁文化，也有贪腐文化，有学者将贪腐文化命名为"潜规则"。廉洁文化和贪腐文化的斗争，贯穿我国封建社会的兴替与衰亡。客观地说，封建社会的贪腐文化或"潜规则"今天仍在一定程度上对中国社会产生着影响。习近平总书记多次讲道，中国是一个人情社会，领导干部如果处理不好人情和原则的关系，很容易在廉洁上出问题，"大家生活在社会上，都有亲戚、朋友、熟人、同事、上级、下属等，推进工作、解决问题时时都会面对原则和人情的选择。原则跟人情能够统一当然最

① 《习近平著作选读》第1卷，人民出版社2023年版，第287页。

好，但二者不能统一时我们要毫不犹豫坚持原则，决不能迁就人情”①。

以社会主义核心价值观引领传统廉洁文化创造性转化和创新性发展。我们正在建设的新时代廉洁文化，是以社会主义核心价值观为内核的社会主义先进文化；中国传统廉洁文化是中华优秀传统文化，与社会主义先进文化具有内在的契合性，用社会主义核心价值观引领和推动传统廉洁文化创造性转化、创新性发展是可行的。要以“第二个结合”（马克思主义同中华优秀传统文化相结合）为方向和动力，将社会主义核心价值观的要求灌注到传统廉洁文化中，向其注入现代的政治道德、社会公德、家庭美德，在继承合理内核的基础上，赋予其符合时代要求的内涵和特点，推动传统廉洁文化时代化。对此，新加坡是一个较为成功的例子。新加坡为传统儒家的“八德”（孝、悌、忠、信、礼、义、廉、耻）赋予了新的内涵，作为新加坡的社会道德标准，比如，把“忠”界定为忠于国家，具有新加坡国民意识，增强群体意识，维护国家利益；“廉”，就是要秉公守法、清正廉洁，杜绝贪污受贿和裙带风气。② 新时代，我国在继承和发展传统廉洁文化上探索创新成效明显，积累了丰富的做法和经验，比如，深入挖掘传统廉洁文化思想和形式，并赋之以新的内涵和形式，以推动廉洁教育，为新时代廉洁文化建设添砖加瓦，下文的“廉洁家书”即是一典型案例。

链　接

一封廉洁家书

“天下之本在家”是中国人的基本理念，中华传统文化强调“积

① 习近平：《努力成为可堪大用能担重任的栋梁之才》，《求是》2022 年第 3 期。

② 参见张鸿燕：《儒家伦理与新加坡的公民道德教育》，《外国教育研究》2003 年第 4 期。

善之家，必有余庆；积不善之家，必有余殃”。家训、家书是中国传统廉洁文化的重要载体和表现，如《颜氏家训》《朱子家训》《曾国藩家书》等，都包含重要的廉洁理念，教育引导形成良好家风。

在新时代廉洁文化建设过程中，继承优秀传统廉洁文化的家书仍然发挥着重要作用。下文是中国石油渤海钻探公司员工家属一份情真意切、发人深省的廉洁家书。

老公：

你好。时光匆匆，不觉又是数月别离。对于我们这个三口之家来说，分别是常态，相聚是偶尔。但是我们一直感到幸福的是，能够在离别的日子里相互思念，在相聚的日子里相互珍惜。

我们只是茫茫人海中的一个小家庭，是庞大石油大军中的一个小家庭。我在家里做着平凡的工作，你在一线做着同样平凡的工作，共同撑起了家庭，也完成了自己的社会责任。

在古代有一个北方官员到南方做官，他的母亲给他写了封信，里面只有两句话：家中百物足，勿带南货回。这两句话给我深刻印象。这是一个古代女性的胸怀和见识，教导自己的儿子要清廉自守，无须带回额外的不洁之物。我也想把这句话带给你，希望你守住自己工作的底线，切勿对不属于自己的钱和物起任何贪婪之心。

我们应该感到满足，我们凭着自己的劳动挣到的工资，已经足够提供给一家人温饱，给孩子良好的教育，还有适度的休闲生活，这已经很幸运了。所以我现在最期待的不是更多的物质享受，而是平安相守，看着我们的孩子长大，我们能够从容老去。

这是我和孩子对你共同的期望。

妻

（资料来源：中国石油渤海钻探公司纪委编：《石油企业廉洁文化建设实践》，石油工业出版社2022年版，第306页。有删改）

以现代法治文化发展和丰富传统廉洁文化。推动文化发展，必须不忘本来、吸收外来、面向未来，廉洁文化建设也是如此。新时代廉洁文化的基础和核心是法治文化，必须用现代法治发展和丰富传统廉洁文化，才能真正做到依法治国和以德治国相结合，让传统廉洁文化发挥应有作用。客观地说，我国传统廉洁文化具有浓厚的人治色彩，"当官不为民做主，不如回家卖红薯"仍然是很多人下意识的思想，"青天"观念影响至今，这都是与现代法治思想、新时代廉洁文化格格不入的。习近平总书记曾经讲道："我国是个人情社会，人们的社会联系广泛，上下级、亲戚朋友、老战友、老同事、老同学关系比较融洽，逢事喜欢讲个熟门熟道，但如果人情介入了法律和权力领域，就会带来问题，甚至带来严重问题。现在，一个案件在审理过程中，当事人到处找门路、托关系、请客送礼，不托人情、不找关系的是少数。过去讲'有理走遍天下'，现在有理的也到处找人。这从另一角度说明，老百姓要办点事多么不易，不打点打点，不融通融通，不意思意思，就办不成事！这种现象一定要扭转过来！""坚决破除各种潜规则，杜绝法外开恩，改变找门路托关系就能通吃、不找门路托关系就寸步难行的现象……"① 要完成这个任务，必须把现代法治文化灌注到传统廉洁文化中，实现传统廉洁文化的创造性转化、创新性发展。

警惕和消除封建特权思想和贪腐文化。我国封建时代，"潜规则"盛行，"封妻荫子""一人得道，鸡犬升天"随处可见。这样的现象在封建时代是被允许和接受的，但现代社会不会允许，社会主义国家更是绝不允许。今天，像我国"一人得道，鸡犬升天"这样的"大特权"在制度上已经消灭，但封建特权思想仍然存在，"小特权"现象仍然存在，贪腐文化仍未绝迹。一些党员干部认为自己大小是个"人

① 《十八大以来重要文献选编》（上），中央文献出版社2014年版，第721-722页。

物”，把吃“特权饭”、住“特权房”、坐“特权车”视为理所当然，风腐往往同源，享受特权过后，腐败就会随之而来。比如，贵州省纪委监委通报的大方县自然资源局原局长黄家发就是例子，按照黄家发的“土规定”，在本单位职工食堂就餐时，必须在他先打饭后，其他人员方可用餐，其实，黄家发之前就曾因搞私车公养的“小特权”被查处过，受到了党内警告、收缴违纪资金的处分。2021 年 1 月，黄家发受到开除党籍、开除公职处分，涉嫌犯罪问题移送司法机关。① 消除这种封建色彩浓厚的特权思想和腐败行为，既要靠思想教育，更要靠行动实践。要坚持以钉钉子的精神加强作风建设，以零容忍态度反对腐败，以党风廉政建设实践成效消除封建特权思想和贪腐文化，在破和立的辩证统一中推动新时代廉洁文化建设。

---

① 参见《黄局长这一官僚习气被中央纪委官网通报，与食堂打饭有关》，京报网 2021 年 5 月 7 日。

第五章

深化廉洁制度文化建设

制度是人为制定的，用来引导和规范人们思想、行为的规则，包括国家法律、党内规则、社会惯例、民间习俗等。制度文化指凝结在制度中的文化因素，也可以直接指代制度本身。因为，制度本身就是一种文化形态，制度是人类社会的创造物，制度的内核是价值观，制度的创制、制度的变迁彰显的是物质文化、精神文化的发展，制度的执行是文化认同的过程，制度可以说就是生活方式。在社会文化体系中，制度是一种特殊的文化形态，它联结着物质文化和精神文化，塑造着行为文化。

廉洁制度是廉洁文化特殊和重要的组成部分。党的建设历史和现实无不表明，在党风廉政建设和反腐败斗争中，制度问题更带有根本性、全局性、稳定性、长期性。新时代，推进廉洁文化建设，必须把廉洁制度建设放在重要位置，既要用制度建设成果彰显廉洁文化建设成效，又要用制度建设成果深化廉洁文化建设。

一、廉洁制度文化的内涵和特点

学界对制度文化的分析讨论，主要有两种路径：一是将制度本身视为一种特定的文化形态，分析制度文化实际上就是分析制度本身。比如，学者冯天瑜从文化分类学出发，将制度文化等同于制度，认为制度文化是连接物质文化和精神文化的纽带，“物质文化与精神文化之间发挥枢纽作用的是制度文化”①。二是将文化与制度进行区分，制度文化是制度背后的价值理念、思想观念等底层因素，分析制度文化就是要探讨制度背后的价值理念、思想观念等因素。这种分析路径实际上是将制度文化视为支撑制度的精神文化，“制度文化更加偏重于强调制度的文化层面与规则层面的内在一致性，即强调制度的价值理念、道德伦理、思想意识、制度与习惯、规范、规则的内在一致性”②。笔者认为，制度是人类特有的创造物，本身就带有文化的属性，将制度大体等同于制度文化也是合理的。从廉洁文化的构成出发，本书采用第一种观点，将制度和制度文化大体等同，也就是说，制度文化是从文化角度来表述制度。本书在具体行文时，会根据上下文表达的需要，选择使用“制度文化”或“制度”，但内涵几乎没有差别。

---

① 冯天瑜：《中国史学的制度文化考释传统》，《湖北大学学报（哲学社会科学版）》2022 年第 6 期。

② 饶明奇、王国永：《水与制度文化》，中国水利水电出版社 2015 年版，第 4 页。

（一）廉洁制度文化的内涵

从一般的意义来讲，制度就是社会中组织和个人遵守的一套行为规则。制度可以是正式的，也可以是非正式的。正式制度如国家法律和行政法规、党内法规、组织的规章制度等，非正式制度有社会的价值观、习俗、惯例等，社会热议的“潜规则”可以归入非正式制度，属于广义的制度范畴。正式制度与非正式制度共同形成了一个社会的制度结构。①

廉洁制度文化是从廉洁文化的角度来表述党风廉政建设和反腐败斗争的有关制度规则，既包括国家法律法规、党内法规、行业自律规定等正式制度，也包括社会有关廉洁价值要求的习俗和惯例等非正式制度。正式制度方面，代表性的国家法律有刑法、公务员法、国家监察法等，代表性的党内法规有纪律处分条例、廉洁自律准则等。需要指出的是，廉洁制度文化是倡导和推动廉洁价值的制度规则，与廉洁价值背道而驰的各种所谓“潜规则”，不属于廉洁制度文化的范畴，而是廉洁制度文化要遏制和消除的陋规。

从微观角度看，作为行为规范的制度由权利和义务两部分内容组成。权利是权利主体可以自己做出一定行为，也可以要求他人做出或不做出一定的行为。义务是主体依法承担的必须履行的责任，表现为必须做出某种行为或不得做出某种行为，以及违背法律法规应当承担的后果。廉洁制度的规范对象是全社会，规范和约束的重点是掌握公权力的党政机关和党员干部。以廉洁从政为导向，约束党政机关和党员干部的行为规则，就是我们常说的廉政制度；对党员干部而言，廉

① 参见杨光斌：《制度的形式与国家的兴衰——比较政治发展的理论与经验研究》，北京大学出版社2005年版，第15页。

政制度是以义务性规定、禁止性规定为主的行为规范。

链　接

腐败“潜规则”：理财投资掩盖下的行贿受贿

案情简介：2000年，李某进入某石油销售公司工作，先后任公司财务处处长、总会计师。2003年，在公司成品油运输业务招投标过程中，李某认识了承运商某物流公司董事长兼总经理陈某。陈某为获得石油销售公司成品油的运输权，开始接近李某并承诺帮助其投资理财。在收取李某1100万余元本金后，给予李某年收益率30%左右的高额利润，共计330万余元。

忏悔：陈某是我的业务合作伙伴，认识10多年了。2011年初，他提出投资理财的想法后，我被每个月两分五的利息吸引了，高额利率冲昏了我的头脑。起初，我准备了250万元放在陈某处投资，陈某按月将利息打到我的银行卡上。随着收益的增加，我逐渐将大量的钱转到陈某处进行投资。直至案发，我收取了高达300余万元的利息收入。我没有想到投资理财获取的收益触犯了法律，也没有考虑到自己当时的身份，最终身陷其中不能自拔。

检察官说法：随着经济的发展，各类投资渠道不断演变更新。行贿人和受贿人为了给双方的贿赂行为披上“合法外衣”，往往以投资回报的形式进行权钱交易。这种犯罪是行贿人与受贿人经过长期的感情投资形成的比较固定的朋友圈，非典型性贿赂特征明显。他们之间不是明显的、赤裸裸的权钱交易，更多的是一种利益输送，通过投资理财，获取稳定、可预期的理财收益，其实质还是权钱交易。

（资料来源：《六种“潜规则”背后的真腐败》，《检察日报》2016年5月3日）

（二）廉洁制度文化的特点

廉洁制度文化在廉洁文化架构中居于第二层，既是廉洁精神文化和廉洁物质文化之间的桥梁，发挥着重要的连接作用，也是廉洁文化的独立组成部分，地位突出，意义重大。本书第一章已对廉洁制度文化的功能和意义做了阐述，此处不赘。下文主要对廉洁制度文化的特点进行简要分析：

第一，普遍性和特殊性的结合。腐败是人类社会面临的共性问题，腐败的产生有共性的原因，以遏制和消除腐败为己任的廉洁制度，自然也具有共性，各国对腐败的认识、调查惩处腐败的机制、廉洁教育的措施等，都有基本的共识和一致的地方。比如，《联合国反腐败公约》是重要的反腐败国际条约，既是各国对腐败问题的共识，也体现了廉洁制度的共性。该公约第五条第一款规定，各缔约国均应当根据本国法律制度的基本原则，制订和执行或者坚持有效而协调的反腐败政策，这些政策应当促进社会参与，并体现法治、妥善管理公共事务和公共财产、廉正、透明度和问责制的原则。“社会参与、法治、妥善管理公共事务和公共财产、廉正、透明度和问责制”，就是各国廉洁制度建设应当遵循的基本原则，是廉洁制度的共性所在。2014 年 11 月 8 日，亚太经合组织（APEC）第 26 届部长级会议通过《北京反腐败宣言》，这是第一个由中国主导起草的国际性的反腐败宣言，集中反映了 APEC 各经济体在反腐败国际合作方面达成的共识：腐败破坏社会公平正义，损害政府形象和公信力，阻碍经济健康发展，是必须治理的社会“毒瘤”；鉴于腐败犯罪呈国际化蔓延趋势，亟须加强反腐败国际合作，有效打击跨国（境）腐败行为。[①] 一些国家的养廉促

① 《中纪委：〈北京反腐败宣言〉将成国际反腐新篇章》，中国政府网 2014 年 11 月 9 日。

廉的制度依然有普遍性意义，比如，政府提供合理的、能够满足体面生活的薪水是弱化公职人员贪腐动机的普遍性做法，完善的会计制度和审计制度对促进廉洁具有重要意义。当然，各国也有自己较为独特的历史文化，腐败产生的具体原因也有所不同，对腐败的认知也存在差异，各国廉洁文化制度也有自己的特点，不能全盘照搬别国的制度和做法。比如，就我国的廉洁文化制度而言，坚持党的全面领导、全面从严治党是总的原则和主线，这与西方资本主义国家以权力分立、权力制衡为内核的廉洁制度有本质区别。

第二，继承性和发展性的结合。廉洁制度不是哪位先知或英雄人物随意制定的，而是建立在人类社会反腐败斗争的历史实践和本国、本民族的历史文化特别是制度文化基础上的，既要继承全人类共有的廉洁文化制度建设成果，也要继承本国的优秀传统文化和有价值的传统制度设计。当然，廉洁制度也不能因循守旧，要以问题为导向，以现代法治为指导，不断发展，彰显时代性、现代性。就我国的廉洁制度建设来讲，要坚持以马克思主义为指导，守正创新，继承中华优秀传统文化，汲取人类优秀文明成果，形成科学有效、完善管用的中国特色社会主义廉洁制度体系。正如习近平总书记强调的："要本着于法周延、于事简便的原则，体现改革精神和法治思维，把中央要求、群众期盼、实际需要、新鲜经验结合起来，努力形成系统完备的制度体系。"①

链　接

中国传统监察制度

在中华文明5000多年的历史进程中，监察制度是反腐倡廉中一项

① 《习近平关于全面从严治党论述摘编》，中央文献出版社2021年版，第434页。

非常重要的制度设计。我国的监察制度最早可以追溯到西周，秦时监察体系已初具规模，中央设置了专门的监察机关——御史，地方也相应设立了监察官员，并创设了巡视制度。

汉代的监察制度承袭秦制。汉武帝时监察制度变为多重监察，中央监察机构由一变三，即御史府系统、丞相司直系统和司隶校尉系统。御史府系统主要负责监察中央机关及其官员，并负责对地方郡国的监察；丞相对郡县地方政府及官员进行监察，丞相府还设置司直，有权弹劾所有官员；司隶校尉在汉武帝时正式设置，执掌“察举百官以下，及京师近郡犯法者”。

唐代建立了较为完善的监察体系和监察法律。中央监察机构为御史台，由台院、殿院、察院组成，分工明确，各司其职。比如，台院设御史若干，官位虽然只有六品，但权力地位显赫，主要职责是纠举百官、参与审判，弹劾官员不需要经过御史台长官同意，有权直接向皇帝参奏。

宋代沿袭唐的监察制度，明初也是如此，设御史台为中央监察机关。明太祖朱元璋认为：“国家立三大府，中书总政事，都督掌军旅，御史掌纠察，朝廷纲纪尽系于此。”洪武十五年（1382 年），御史改称都察院，设左右都御史为长官，下设左右副都御史、左右佥都御史等官职，职责为监察百官。明代还进一步完善了监察活动的法律制度，如洪武年间的《宪纲总例》《纠劾官邪规定》《出巡事宜》《宪纲条例》《大明会典》等都有监察的制度规定。

清代有中央和地方两级监察体系。都察院为中央最高监察机关，职责为“专掌风宪，以整纲饬纪为职”，监督弹劾贵族及百官。都察院的最高长官为左都御史（从一品），满、汉各一人。都察院下属执行监察任务的机构有十五道监察御史、六科给事中、五城兵马司、宗室御史处、稽查内务府御史处。六科给事中面向中央的吏、户、礼、兵、刑、工六部，对中央六部实行“对口监察”；十五道监察御史面向地方，对京畿和十四个行省实行分道监察，并分工协管稽查在京各衙门，就连十五道的主管部门——都察院本身也在其监察范围内；五城兵马司专司稽查京城地方治安；宗室御史处负责监督宗人府对王公、驻防将军及一般宗室、觉罗的赏罚，并稽查宗人府银库钱粮册籍等；稽查内务府御史处的职责为审核内务府各部门年度钱粮账册，稽查紫禁城内保卫状况。同时，地方还设有督抚、按察使、道员等专职或兼职的监察官员，形成了完整的地方监察体系。

2016年11月7日，中华人民共和国国家监察委员会成立，它是最高监察机关，领导地方各级监察委员会的工作，由全国人民代表大会产生，负责全国监察工作。对全国人民代表大会及其常务委员会负责，并接受监督。国家监察委员会的设立，是对中国传统监察制度的继承和发展。

（资料来源：王有粮等：《中外廉政文化研究》，四川大学出版社2017年版，第118-124页；刘战、谢茉莉：《试论清代的监察制度》，《辽宁大学学报（哲学社会科学版）》2001年第3期）

第三，自律和他律的结合。制度要突出他律，强调外部力量对行为主体的约束、惩处功能，让行为主体知道自己的行为会带来什么后果（特别是消极后果），形成确定的预期，以此来引导和规范行为者的行为，廉洁制度也是如此。拿廉洁制度中最为重要的《中国共产党纪律处分条例》来说，几乎都是禁止性规定，一旦违背，就会受到相应的党纪处分，这也就是他律的作用方式。不过，廉洁制度本身有一定的特殊性，廉洁不能全靠他律来获得和维持，在他律的同时也需要自律，因为廉洁具有很强的道德属性，需要积极的倡导和涵养，需要行为主体思想道德境界的提升和自我控制，在特殊的私人领域（如家庭领域)，自律的效果远比他律为好。比如，《中国共产党廉洁自律准则》体现的就是自律，其内容和表达方式都是鼓励性的。

链　接

中国共产党廉洁自律准则

中国共产党全体党员和各级党员领导干部必须坚定共产主义理想和中国特色社会主义信念，必须坚持全心全意为人民服务根本宗旨，必须继承发扬党的优良传统和作风，必须自觉培养高尚道德情操，努力弘扬中华民族传统美德，廉洁自律，接受监督，永葆党的先进性和纯洁性。

党员廉洁自律规范

第一条　坚持公私分明，先公后私，克己奉公。

第二条　坚持崇廉拒腐，清白做人，干净做事。

第三条　坚持尚俭戒奢，艰苦朴素，勤俭节约。

第四条　坚持吃苦在前，享受在后，甘于奉献。

党员领导干部廉洁自律规范

第五条　廉洁从政，自觉保持人民公仆本色。

第六条　廉洁用权，自觉维护人民根本利益。

第七条　廉洁修身，自觉提升思想道德境界。

第八条　廉洁齐家，自觉带头树立良好家风。

第四，刚性和柔性的结合。刚性是廉洁制度文化的重要特点和优势所在。廉洁制度的规定是明确的，能够形成明确的预期，有很强的操作性，一旦违背规定，行为者就要承受相应的消极后果。制度一旦规定下来就具有了刚性，必须得到执行和遵守，这也就是廉洁制度的权威性所在。实践中廉洁制度的作用更大，效果更好，这也是制度治党、依法治党的优势和意义所在。正如习近平总书记针对作风建设“怪圈”症结所言：“巩固和扩大教育实践活动成果，实现作风建设规范化、常态化、长效化，走出作风问题抓一抓就好转、松一松就反弹的怪圈，从根本上说还是要靠科学有效的制度。”① 不过，廉洁制度也并非一味追求刚性，也有比较多的柔性成分。比如，廉洁教育制度就强调思想教育和道德教化，以引导、倡导、鼓励为主，柔性色彩突出。概而言之，廉洁制度既突出制度的权威性、刚性，同时也体现廉洁文化本身的教化属性，彰显柔性。

第五，高标准和严要求的结合。制度是管总、管长远的，制度建设不是小事。包括廉洁制度在内的全面从严治党体系，是国家治理体系的重要组成部分，关系党和国家事业得失成败。制度设计不科学，制度制定过程被利益集团渗透甚至把控，由此形成的制度不仅不能起到遏制、消除腐败的作用，反而会成为“设租”的条件，带来更为严重、更为隐蔽的腐败，纠正起来难度更大。比如，不少发展中国家都遇到过这样的情况，一些原本为加强某个领域的监管、遏制腐败、提高效率的制度，但因为繁复的制度设计，反而降低了市场效率，影响了行政效率，市场主体为了自身利益，不得不采取行贿等腐败方式绕开制度，制度反而成了“设租”。因此，对我国的廉洁制度建设来讲，必须是高标准、严要求。正如习近平总书记要求的：“制度不在多，而在于精，在于务实管用，突出针对性和指导性。如果空洞乏力，起不到应有的作用，再多的制度也会流于形式。牛栏关猫是不行的！要搞好配套衔接，做到彼此呼应，增强整体功能。”②

① 《习近平关于全面从严治党论述摘编》，中央文献出版社2021年版，第434页。

② 《习近平关于全面从严治党论述摘编》，中央文献出版社2021年版，第435页。

二、党的十八大以来廉洁制度建设的成效

2012年12月，习近平担任总书记后第一次出京考察，来到了广东。习近平总书记在考察中强调："必须以更大的政治勇气和智慧，不失时机深化重要领域改革，构建系统完备、科学规范、运行有效的制度体系，使各方面制度更加成熟更加定型。"① 党的十八大以来，以习近平同志为核心的党中央紧紧围绕全面依法治国和制度治党、依规治党的要求，形成了党内法规、国家立法、国际条约、地方制度探索四位一体的廉洁制度体系，为全面从严治党提供了有效的制度保障。

（一）廉洁制度党内法规建设不断推进

"党内法规体系，是以党章为根本，以民主集中制为核心，以准则、条例等中央党内法规为主干，以部委党内法规、地方党内法规为重要组成部分，由各领域各层级党内法规组成的有机统一整体。"② 2014年10月，党的十八届四中全会将"形成完善的党内法规体系"纳入全面推进依法治国总目标，作为建设中国特色社会主义法治体系、建设社会主义法治国家的必然要求。党内法规是廉洁制度的重要渊源，推进廉洁制度建设必须做好党内法规体系建设。党的十八大以来，廉洁制度党内法规建设不断深化，相关制度法规不断完善。

党内法规顶层设计不断完善。"善除害者察其本，善理疾者绝其源。"从严治党要靠思想教育，更要靠制度保障，靠制度是长远之策、

---

① 《习近平著作选读》第1卷，人民出版社2023年版，第65页。

② 中共中央办公厅法规局：《中国共产党党内法规体系》，《人民日报》2021年8月4日。

根本之策。正如党的二十大报告强调的："坚持制度治党、依规治党，以党章为根本，以民主集中制为核心，完善党内法规制度体系。"① 2012 年 5 月，《中国共产党党内法规制定条例》发布；2019 年 8 月，修订后的《中国共产党党内法规制定条例》发布，对党内法规制定的原则、权限、程序等做了详细规定，党内法规建设有了制度依据，也有了顶层设计。按照"规范主体、规范行为、规范监督"相统筹相协调的原则，党内法规体系"1+4"基本框架得以明确："1"是指党章这一党内根本大法，"4"是指党章之下的四个党内法规板块，即党的组织法规、党的领导法规、党的自身建设法规、党的监督保障法规。廉洁制度不是单独的党内法规板块，而是贯穿在"1+4"之中。从廉洁制度的性质和内容看，主要体现在党的自身建设法规、党的监督保障法规两个板块。比如，党的自身建设法规包含党的纪律建设方面的法规，如《中国共产党廉洁自律准则》《中国共产党纪律处分条例》《关于进一步制止党政机关和党政干部经商、办企业的规定》《国有企业领导人员廉洁从业若干规定》《农村基层干部廉洁履行职责若干规定（试行）》等都在其中。

稳步实施党内法规规划。迄今为止，已经制定实施了三个"五年"党内法规规划纲要。2013 年 11 月，党中央印发《中央党内法规制定工作五年规划纲要（2013—2017 年）》，提出力争经过 5 年努力，基本形成涵盖党的建设和党的工作主要领域、适应管党治党需要的党内法规体系框架，为到建党 100 周年时全面建成内容科学、程序严密、配套完备、运行有效的党内法规体系打下坚实基础。2018 年 2 月，党中央印发《中央党内法规制定工作第二个五年规划（2018—2022 年）》，紧紧围绕到建党 100 周年时形成比较完善的党内法规体系这

---

① 《习近平著作选读》第 1 卷，人民出版社 2023 年版，第 54 页。

一目标任务，进一步明确了党内法规体系建设的任务书、时间表、路线图。2023 年 4 月，中共中央印发《中央党内法规制定工作规划纲要（2023—2027 年）》，对指导和推动党内法规制度建设高质量发展具有重要意义。

廉洁制度党内法规不断完善。党的十八大以来，党内法规建设速度不断加快，现有党内法规已超 3600 部，“党章居于统领地位，覆盖党的领导和党的建设各方面的基础主干党内法规基本上应有尽有，各板块的党内法规比较齐全，各领域各层级的配套党内法规比较完备，党内法规体系内部总体做到了内容科学、协调统一”①。廉洁制度贯穿所有党内法规，特别是在干部选拔任用制度、党的纪律、廉洁教育制度、党风廉政建设责任制、反腐败制度等涉及的党内法规中，廉洁制度占据重要位置。随着党内法规建设的推进，廉洁制度不断建立健全。

链　接

党的自身建设法规不断完善

党的自身建设法规，是调整党的政治建设、思想建设、组织建设、作风建设、纪律建设等的党内法规，为提高党的建设质量、永葆党的先进性和纯洁性提供制度保障。截至 2021 年 7 月 1 日，现行有效党的自身建设法规共 1319 部，其中，中央党内法规 74 部，部委党内法规 76 部，地方党内法规 1169 部。

党的政治建设方面的法规。关于党内政治生活的若干准则、关于新形势下党内政治生活的若干准则，坚定维护党中央权威和集中统一

① 中共中央办公厅法规局：《中国共产党党内法规体系》，《人民日报》2021 年 8 月 4 日。

领导，全面加强和规范党内政治生活，努力造成又有集中又有民主，又有纪律又有自由，又有统一意志又有个人心情舒畅生动活泼的政治局面。中共中央政治局关于加强和维护党中央集中统一领导的若干规定，强调中央政治局同志必须带头严格遵守党章和党内政治生活准则，自觉在党中央集中统一领导下履行职责、开展工作。

党的思想建设方面的法规。中国共产党党校（行政学院）工作条例，加强马克思主义基本理论研究和党的思想理论建设，充分发挥党校（行政学院）干部培训、思想引领、理论建设、决策咨询的作用。中国共产党党委（党组）理论学习中心组学习规则等，推动理论武装工作深入开展，加强领导班子思想政治建设。

党的组织建设方面的法规。党政领导干部选拔任用工作条例、干部教育培训工作条例、干部人事档案工作条例以及推进领导干部能上能下若干规定（试行）、干部双重管理工作规定（试行）、党政领导干部职务任期暂行规定、党政领导干部交流工作规定、党政领导干部任职回避暂行规定、党政领导干部辞职暂行规定、关于地方党委向地方国家机关推荐领导干部的若干规定、县以上党和国家机关党员领导干部民主生活会若干规定等，建立健全干部选育管用的全链条机制，推动建设忠诚干净担当的高素质专业化干部队伍。中央企业领导人员管理规定、中管金融企业领导人员管理暂行规定、事业单位领导人员管理暂行规定等，加强国有企事业单位干部队伍建设。中国共产党党员教育管理工作条例以及中国共产党发展党员工作细则等，指导建设信念坚定、政治可靠、结构合理、素质优良、纪律严明、作用突出的党员队伍。公务员职务与职级并行规定、专业技术类公务员管理规定（试行）、行政执法类公务员管理规定（试行）、聘任制公务员管理规定（试行）等，从不同方面完善中国特色公务员制度。

党的作风建设方面的法规。十八届中央政治局关于改进工作作风密切联系群众的中央八项规定及其实施细则，坚持以上率下，深入整治形式主义、官僚主义、享乐主义和奢靡之风，为党和国家事业开创新局面提供坚强政治和作风保证。党政机关厉行节约反对浪费条例以及党政机关国内公务接待管理规定、党政机关办公用房管理办法、党政机关公务用车管理办法、节庆活动管理办法（试行）等，弘扬艰苦奋斗、勤俭节约的优良作风。关于严禁在历史建筑公园等公共资源中设立私人会所的暂行规定等，严厉整治人民群众反映强烈的不正之风。

党的纪律建设方面的法规。中国共产党廉洁自律准则，重申党的理想信念宗旨、优良传统作风，展现共产党人高尚道德追求。关于进一步制止党政机关和党政干部经商办企业的规定、国有企业领导人员廉洁从业若干规定、农村基层干部廉洁履行职责若干规定（试行）等，强化重点领域、关键环节廉洁纪律要求。

此外，党委（党组）落实全面从严治党主体责任规定、关于实行党风廉政建设责任制的规定等，以责任制强化和落实管党治党政治责任，推动全面从严治党向纵深发展。

（资料来源：《中国共产党党内法规体系》，《人民日报》2021 年 8 月 4 日）

（二）推进廉洁制度国家立法

国家立法是廉洁制度的重要渊源，是在法治轨道上推进腐败治理的重要依据。2013 年 1 月，十八届中央纪委二次全会召开，习近平总书记在会上指出，要善于运用法治思维和法治方式反对腐败，加强反腐败国家立法，加强反腐倡廉党内法规制度建设，让法律制度刚性运行。2014 年 10 月召开的党的十八届四中全会进一步提出，要加快推进反腐败国家立法，完善惩治和预防腐败体系，形成不敢腐、不能腐、不想腐的有效机制。党的十八大以来，以反腐败国家立法为中心的廉洁制度国家立法不断推进。

创设了国家监察制度。2018 年 3 月，十三届全国人大一次会议表决通过《中华人民共和国宪法修正案》，在“国家机构”一章中增写“监察委员会”一节，表决通过了《中华人民共和国监察法》，创设了国家监察制度，确立了监察委员会作为国家机构的法律地位。监察法是一部对国家监察工作起统领性和基础性作用的法律，规定了总则、监察机关及其职责、监察范围和管辖、监察权限、监察程序、反腐败国际合作、对监察机关和监察人员的监督、法律责任等内容。2021 年 9 月 20 日，国家监察委员会公布了《中华人民共和国监察法实施条例》，这是国家监察委员会根据全国人大常委会授权制定的第一部监察法规，是推进监察法规制度建设系统集成、协同高效的重大制度成果。“监察机关行使腐败犯罪调查权，使得案件的办理效能有显著提升，集中统一、权威高效的反腐败与权力监督体系初步形成，改革的预期目标基本得以实现。”①

制定、修订和完善了一批廉洁制度法律法规。代表性的有：2015 年 8 月 29 日，第十二届全国人民代表大会常务委员会第十六次会议通过了《刑法修正案（九）》，其中包含对腐败犯罪处罚规定的重要修订和完善。2018 年 12 月 29 日，第十三届全国人民代表大会常务委员会第七次会议表决通过了修订后的《中华人民共和国公务员法》。2020 年 6 月 20 日，第十三届全国人民代表大会常务委员会第十九次会议表决通过了《中华人民共和国公职人员政务处分法》。2021 年 8 月 20 日，第十三届全国人民代表大会常务委员会第三十次会议表决通

① 冯卫国：《反腐败刑事治理十年回顾与未来展望》，《国家治理》2022 年第 14 期。

过了《中华人民共和国监察官法》。继2012年修订的刑诉法设置对于贪污贿赂犯罪被追诉人逃匿、死亡案件的违法所得没收程序之后，2018年再次修订的刑诉法增设刑事缺席审判程序，规定对潜逃境外的贪污贿赂犯罪案件可以缺席审判，突破了长期以来我国刑诉法坚持的刑事公诉案件只能在席审判的要求。

链　接

《刑法修正案（九）》对腐败犯罪处罚的修订和完善

2015年8月第十二届全国人民代表大会常务委员会第十六次会议通过的《刑法修正案（九）》，对腐败犯罪的处罚规定有几点重要的修订和完善。

一是完善了贪污受贿犯罪的定罪量刑标准。“对犯贪污罪的，根据情节轻重，分别依照下列规定处罚”，“对多次贪污未经处理的，按照累计贪污数额处罚”，将原来“计赃论罪”模式改为“数额+情节”模式，更能体现罪刑相适应原则，更有利于贯彻宽严相济刑事政策。

二是对严重贪污受贿犯罪被判死缓的罪犯增设终身监禁措施，不得减刑、假释，在减少死刑立即执行适用的同时，更好起到对腐败分子的震慑作用，这是我国刑罚制度的一大创新。

三是加大了对行贿犯罪的处罚力度，严格了从宽处罚的条件。将刑法第三百九十条修改为：“对犯行贿罪的，处五年以下有期徒刑或者拘役，并处罚金；因行贿谋取不正当利益，情节严重的，或者使国家利益遭受重大损失的，处五年以上十年以下有期徒刑，并处罚金；情节特别严重的，或者使国家利益遭受特别重大损失的，处十年以上有期徒刑或者无期徒刑，并处罚金或者没收财产。”“行贿人在被追诉前主动交待行贿行为的，可以从轻或者减轻处罚。其中，犯罪较轻的，对侦破重大案件起关键作用的，或者有重大立功表现的，可以减轻或者免除处罚。”

四是设立了新罪名“对有影响力的人行贿罪”，将向离职的国家工作人员、现任或离职的国家工作人员的近亲属等关系密切人行贿的行为，纳入刑事处罚范围。在刑法第三百九十条后增加一条，作为第三百九十条之一：“为谋取不正当利益，向国家工作人员的近亲属或者其他与该国家工作人员关系密切的人，或者向离职的国家工作人员或者其近亲属以及其他与其关系密切的人行贿的，处三年以下有期徒刑或者拘役，并处罚金；情节严重的，或者使国家利益遭受重大损失的，处三年以上七年以下有期徒刑，并处罚金；情节特别严重的，或者使国家利益遭受特别重大损失的，处七年以上十年以下有期徒刑，并处罚金。”

（三）参与和推动制定反腐败国际条约

腐败是人类社会共同面对的问题，腐败的一个特点是越来越国际化。推动反腐败国际合作，是各国反腐败斗争取得成效的重要条件。我国高度重视国际刑事司法合作与涉外腐败案件的查处工作，积极推动制定反腐败国际条约。2005 年 12 月 14 日生效的《联合国反腐败公约》，是联合国历史上通过的第一个用于指导国际反腐败斗争的法律文件，中国是《联合国反腐败公约》的缔约国。

截至 2020 年 10 月，我国已缔结 59 项引渡条约，61 项刑事司法协助条约，其中，党的十八大以来，与包括比利时、塞浦路斯、希腊等欧盟国家在内的 25 国缔结了引渡条约。在中国政府推动下，2014 年召开的 APEC 北京会议通过了《北京反腐败宣言》和《APEC 预防贿赂和反贿赂法律执行准则》，成立了亚太经合组织反腐败执法合作网络。2016年召开的G20杭州峰会发布了《二十国集团反腐败追逃追赃高级原则》。2018年我国首部《国际刑事司法协助法》颁布施行，对进一步推动刑事司法领域的国际合作，促进国际追逃追赃工作，完善跨境腐败治理具有重要意义。

（四）探索地方廉洁制度建设

地方廉洁制度主要是指有立法权的地方人大制定的廉洁法规、省级党委制定的党内法规以及各种地方规范性制度。[①] 党的十八大以来，地方党委、各地人民代表大会、地方人民政府根据自身实际，在权限范围内，积极推动地方廉洁制度建设。以同廉洁制度密切相关的党的自身建设法规和党内监督法规为例，截至2021年7月1日，现行有效党的自身建设法规共1319部，其中地方党内法规1169部；现行有效党的监督保障法规共1370部，其中地方党内法规1236部。[②]

地方廉洁制度建设主要有两个部分：一是落实性的地方廉洁制度，即根据地方实际落实国家法律、中央党内法规而制定的地方性法规和地方党内法规、地方规范性制度；二是探索性的地方廉洁制度，即依据中央和上级精神，根据自身实际进行的具有创新性的廉洁制度设计。相较而言，后者的价值在一定程度上高于前者，但风险性也相对较高。

党的十八大以来，地方廉洁制度建设探索不断取得新进展。以浙江为例，2018年7月，中共浙江省委十四届三次全会审议通过了《中

---

① 根据《中国共产党党内法规制定条例》第三条的规定，有权制定党内法规的党组织是党的中央组织，中央纪律检查委员会以及党中央工作机关和省、自治区、直辖市党委。没有权力制定党内法规的党组织，有权制定自身权限范围内的制度，这些制度一般被称为“规范性文件”。

② 中共中央办公厅法规局：《中国共产党党内法规体系》，《人民日报》2021年8月4日。

共浙江省委关于推进清廉浙江建设的决定》；2021年2月，出台《中共浙江省委关于纵深推进清廉浙江建设的意见》。近年来，浙江坚持全省“一盘棋”，省市县乡四级联动，推进“清廉浙江”建设全方位全领域深化，特别是聚焦打造清廉机关、清廉企业、清廉医院、清廉学校、清廉村居等清廉单元标杆，化大战略为小切口，把清廉单元进一步细分为清廉组织、清廉网格、清廉细胞等，使清廉建设抓手更具体、重点更聚焦、覆盖面更广，把示范清廉单元建设的标准范式向其他领域辐射，形成“清廉浙江”建设以点带面、全域共进的良好态势。贯穿其中的，是一件件具有针对性、可操作性的制度规范。以清廉机关建设为例，浙江积极构建全覆盖的责任制度和监督制度，在加强对领导干部特别是“一把手”等“关键少数”监督的同时，以规范权力运行为着力点，紧盯权力集中、资金密集、资源富集的关键岗位，构建立体式责任落实体系，层层压实全面从严治党政治责任。[①]

链　接

广东佛山探索“一把手”权力清单和负面清单制度

“一把手”不能直管人财物、决策中不能提前作倾向性发言……自今年5月成为试点单位，一系列变化在市司法局和南海区里水镇引起了强烈反响。昨日，佛山市纪委监委召开新闻发布会，对外披露了佛山探索建立“一把手”权力清单和负面清单机制的有关工作情况。

“一把手”监督难是长期存在的普遍性难题。以佛山为例，党的十八大以来，共立案查处市管干部126人，担任或曾任“一把手”的

① 参见颜新文、黄也倩：《清风正气朗乾坤——深化清廉浙江建设工作综述》，《浙江日报》2022年6月19日。

比例高达65.1%。市纪委监委有关负责人直言，当前“一把手”明目张胆、肆无忌惮牟取私利的少了，但“借手取财”、玩弄手段，或者打着集体研究的幌子、行个人专断之实的问题较多。

如何避免“一把手”滥用权力，根本还在对权力边界的厘清。佛山在全省率先探索建立“一把手”权力清单和负面清单，期望用权力清单让“一把手”明确什么是“可为”的，搭起“方向标”；用负面清单提出什么是“不可为”的，设置“避雷针”。

“比如‘一把手’拥有议题审定权，我们的负面清单就提出，禁止‘一把手’在‘三重一大’议事决策过程中，私自临时增加议题。”佛山市南海区里水镇主要负责人举例说。作为南海区经济重镇，里水镇通过梳理廉政风险点，最终聚焦议事决策、选人用人、镇属“三资”等七大重点领域，明确了21项重要权力和29项禁止从事行为，压缩镇委书记和镇长权力寻租空间。制度还设置信息公开、质询评议等六大配套保障机制，接受社会监督。

佛山将全面推行“一把手”权力清单和负面清单。据悉，根据《关于进一步加强对一把手监督的若干意见》要求，佛山各区党委、人大、政府、政协、纪委监委，市直各单位，市各人民团体，各授权经营公司都应制定、公开“一把手”权力清单和负面清单。这也意味着，全市各单位“一把手”都将在“两个清单”监督之下。

（资料来源：《佛山探索建立一把手权力清单和负面清单》，《佛山日报》2018年10月12日）

三、推动廉洁制度发展完善

新时代新征程，要将廉洁制度建设贯穿党的建设全过程，不断深化廉洁制度建设，为全面从严治党提供更加科学、更加完善的制度保障，推动中国式现代化行稳致远。

（一）深化对廉洁制度的认识

制度治党、依规治党是党的建设重要方略，其科学性已经为全面从严治党实践所证实。制度和制度建设有其复杂性，新征程上，要不断深化对包括廉洁制度建设在内的制度建设的认识。

一是进一步从中国式现代化的高度来认识廉洁制度。国家治理现代化是中国式现代化的重要组成部分，国家治理现代化的内核是制度现代化。廉洁制度是国家治理体系的基础性部分，属于“地基”的范畴，直接关系国家治理体系现代化和治理能力现代化。廉洁制度不能有效建立和运作，国家治理现代化就缺少了一根支柱，我们就难以克服中国式现代化进程中可能出现的各种风高浪急甚至惊涛骇浪。

二是进一步认识廉洁制度建设的“长期主义”原则。制度建设不能停滞不前，必须扎扎实实推进，但也要认识到，管长远的制度建设从来都是“长期主义”的，制度设计要求科学、精细，要不断探索甚至不断试错，制度设计者和社会公众对制度建设要有耐心，那种一蹴而就的制度不仅效果不佳，甚至还会带来反作用。廉洁制度建设更是如此。

三是深化对价值观、情感、社会关系等廉洁制度背后影响因素的研究和认识。如前所述，有一种观点认为，制度文化的关键是制度背后的底层因素，即价值观、思想意识、社会情感等，这种观点有助于深化对处在中国历史文化环境下的廉洁制度的认识，也有助于新时代廉洁制度建设。除了要深化对社会主义核心价值观、共产党人价值观的认识，也要深化对我国各种社会价值观、思想认识、社会情感的研究和认识。比如，耻感被认为是儒家文化圈重要的道德情感，耻感文化是传统儒家文化的重要组成部分，“养民知耻”“有耻且格”是儒家的道德理想，中国、日本、韩国等属于耻感文化社会。新时代廉洁制度建设，既要对传统的耻感文化善加利用，也要防止耻感文化中消极因素的影响。

链　接

耻感文化与日本的廉政

2023 年 1 月，非政府组织“透明国际”（Transparency International）发布的“全球清廉指数”（Corruption Perceptions Index）显示，2022 年日本清廉指数得分为 73，排名全球 20 位，名次趋于稳定，名列世界清廉国家行列。

一些学者用耻感文化来解释日本的廉洁文化和制度。耻感文化是和罪感文化相对的一个概念。美国学者本尼迪克特认为，罪感文化是指“社会向人们灌输绝对的道德标准，并依靠它来发展个人良心”；耻感文化则是“公认的道德标准借助于外部强制力来发展人的良心的社会”，外部对于善行的认可和对于不忠诚行为的唾弃是耻感文化依赖的先决条件，人们无法像缓解罪恶感一样通过忏悔与赎罪来减轻，而是确保自身不良行为没有被公之于众。耻感文化是儒家文化的特色，深受儒家文化影响的日本文化是典型的耻感文化。

日本人将儒家文化“礼义廉耻”中的“耻”发展为自身的文化内核，把道德与尊严放在高位，每个人都内存对污秽的厌恶和对纯洁心灵、高尚道德的珍爱。“忠”“重社会”“耻”文化提高了日本人对自身身份的认同感和对组织内部的忠诚度，增强内部成员对组织、集团、国家的向心力，也加大了成员对自身行为的自我约束力。耻感文化在日本人之间形成了一座隐性的环形监狱，他们深受内心对于耻和污秽事物厌恶的推动，从而避免自己犯错，同时他们也受周边人的监督。在网络时代，耻感文化会被延续甚至放大，考虑到网络传播的速度之快和辐射之广以及自身名誉所承受的代价，有效地遏制了腐败行为的发生。

（资料来源：钟思雨、赵瑞琦：《日本廉政现象：文化、心理、政治逻辑的三位一体》，《廉政文化研究》2018 年第 2 期）

（二）深化廉洁制度党内法规建设和反腐败国家立法

新时代新征程，要围绕不敢腐、不能腐、不想腐的目标要求，推进相关党内法规和国家法律的废改立，不断完善廉洁制度。

党内法规方面，要按照《中央党内法规制定工作规划纲要（2023—2027 年）》的要求，积极推进相关党内法规的清理、修订和制定工作。党内法规的制定要坚持长期主义原则，严格按照规定的程序开展立法工作，确保制度规定的科学性、严谨性、针对性、操作性。要结合廉洁文化建设的特点和要求，加强鼓励性、引导性和保障性的党内法规修改和制定工作，如根据新情况新问题，开展党员干部的选拔任用、党内权利保障、党内监督机制等制度修订的调研和法规修改工作，解决全面从严治党下出现的消极的“非意图”结果。所谓“非意图”结果，就是人们俗话说的“无心插柳柳成荫”，不是制度设计的目的或初衷，制度设计时也没有想到，最终却出现了。比如，全面从严治党特别是严厉的反腐败措施，让有的党员干部工作时只想着“避责”，基层党员干部形成了忙而不动、纳入常规、隐匿信息、模糊因果关系、转移视线、找替罪羊等避责策略。[1] 近年来，党员干部中

① 参见倪星、王锐：《从邀功到避责：基层政府官员行为变化研究》，《政治学研究》2017 年第 2 期。

“躺平”“老好人”现象出现增多趋势，一定程度上也是“非意图”结果的表现。这也是我们在制定党内法规时要高度关注的新情况新问题。

链　接

《中央党内法规制定工作规划纲要（2023—2027年）》有关廉洁制度建设的部分规定

2023年4月，中共中央印发《中央党内法规制定工作规划纲要（2023—2027年）》，并发出通知，要求各地区各部门结合实际认真贯彻落实。《中共党内法规制定工作规划纲要（2023—2027年）》以习近平新时代中国特色社会主义思想为指导，全面贯彻党的二十大精神，对今后5年中央党内法规制定工作进行顶层设计，是新起点上引领党内法规制度建设的重要文件。下面择要列举《中共党内法规制定工作规划纲要（2023—2027年）》有关廉洁制度建设的规定。

完善党的宣传教育制度。制定《中国共产党思想道德准则》，筑牢中国共产党人思想道德高地。制定《党史学习教育工作条例》，弘扬伟大建党精神，完善中国共产党人精神谱系研究宣传阐释机制，持之以恒推进党史总结、学习、教育、宣传，引导党员干部学史明理、学史增信、学史崇德、学史力行，传承红色基因，赓续红色血脉。

健全纠治形式主义、官僚主义制度。完善党密切联系群众的制度规定，强化党执政为民的制度保障，始终保持党同人民群众的血肉联系，坚决把为民造福作为最大政绩和一切工作的立足点、出发点。健全党组织和党员、干部联系服务群众制度，完善网上群众工作制度，贯彻好从群众中来、到群众中去的群众路线。健全解决形式主义突出问题为基层减负长效机制，有效解决工作中重形式轻内容、重过程轻结果、重程序轻实效等突出问题。

健全反对特权制度。坚持更高标准更严要求促使领导干部保持清正廉洁，健全党性教育、政德教育、警示教育和家风教育制度。弘扬艰苦奋斗、勤俭节约作风，从严从紧健全领导干部工作和生活待遇制度规定。健全规范领导干部配偶、子女及其配偶经商办企业行为常态化管理机制，明确领导干部亲属从业限制，严格领导干部身边工作人员辞职后从业限制和从业行为管理监督，切实防止领导干部亲属和身边工作人员利用特殊身份牟取不正当利益。制定《规范高级干部配偶、子女及其配偶在国（境）外工作学习生活规定》，规范高级干部及其亲属涉外行为。

健全党的纪律建设制度。修订《中国共产党纪律处分条例》，进一步严明党的纪律，增强党的纪律建设的政治性、时代性、针对性。修订《国有企业领导人员廉洁从业若干规定》，完善国有企业领导人员廉洁从业纪律要求。修订《农村基层干部廉洁履行职责若干规定（试行）》，促进农村基层干部更好廉洁履职。

健全一体推进不敢腐、不能腐、不想腐制度。健全党领导反腐败斗争的责任体系，建立健全党委（党组）定期分析研判本地区本部门本系统政治生态状况、研究解决反腐败工作中重大问题的制度，完善反腐败工作格局，形成反腐败工作合力。持续健全一体推进不敢腐、不能腐、不想腐的体制机制，在不敢腐上持续加压、不能腐上深化拓展、不想腐上巩固提升，使严厉惩治、规范权力、教育引导紧密结合、协调联动，推动取得更多制度性成果和更大治理效能。健全查处政治问题和经济问题交织腐败案件的制度。完善惩治新型腐败和隐性腐败制度，建立腐败预警惩治联动机制，有效应对腐败手段隐形变异。进一步规范党政领导干部在企业兼职任职、退休干部经商办企业和社会兼职任职，规范相关行业离任人员从业，整治重点领域和关键岗位

“逃逸式辞职”和政商“旋转门”等问题，推动构建亲清统一的新型政商关系。健全风腐同查工作机制，深挖细查风腐同源、风腐一体问题。完善跨境腐败治理工作协调机制，强化对海外投资经营等领域廉洁风险防控，一体构建追逃防逃追赃机制。

在国家立法方面，要及时将反腐败实践中的有效探索上升为国家法律，提高反腐败立法质量；同时，要进一步探索国家法律和党内法规的衔接，更好地形成制度合力。

制度的生命力在于执行。一段时间以来，管党治党之所以出现严重问题，除制度本身不科学，导致“牛栏关猫”的问题外，也有制度没有得到有效执行的问题。习近平总书记曾尖锐指出：“有的人对制度缺乏敬畏，根本不按照制度行事，甚至随意更改制度；有的人千方百计钻制度空子、打擦边球；有的人不敢也不愿遵守制度，甚至极力逃避制度的监管，等等。”① 党的十八大以来，以习近平同志为核心的党中央在推动党内法规和国家法律不断完善的同时，高度重视制度的落实，强调“必须强化制度执行力，加强对制度执行的监督”②。客观地讲，因为廉洁制度约束的、惩处的主要是领导干部，制度的执行阻碍也就更多，执行难度也就更大。2019 年 8 月 30 日，中共中央政治局会议审议批准《中国共产党党内法规执行责任制规定（试行）》，建立了党委统一领导、党委办公厅（室）统筹协调、主管部门牵头负责、相关单位协助配合、党的纪律检查机关严格监督的执规责任制。要以执规责任制为抓手，有效推动廉洁制度的落实，突出制度刚性，以实实在在的成效取信于民。需要指出的是，腐败的一个重要特点就

---

① 《习近平著作选读》第 2 卷，人民出版社 2023 年版，第 287 页。

② 《习近平著作选读》第 2 卷，人民出版社 2023 年版，第 287 页。

是让制度不能执行或让制度空转，党内法规和国家法律落实过程中，要高度关注执行中的腐败问题，强化对各级纪委监委和执法、司法机构及其工作人员的教育管理监督，防止“灯下黑”。

（三）推动完善全过程人民民主

明确权力来源，对公权力进行民主监督，防止公权力腐化和滥用，是民主制度最为重要的一项功能。民主制度是廉洁制度的重要组成部分。“全面有效的民主监督，保证人民的民主权利不因选举结束而中断，保证权力运用得到有效制约。在中国，解决权力滥用、以权谋私的问题，不能靠所谓的政党轮替和三权分立，要靠科学有效的民主监督。”① 我国的全过程人民民主是最广泛、最真实、最管用的民主，有效的民主选举、民主协商、民主决策、民主管理、民主监督，是推动廉洁制度建设的重要武器。党的二十大报告中强调：“要健全人民当家作主制度体系，扩大人民有序政治参与，保证人民依法实行民主选举、民主协商、民主决策、民主管理、民主监督，发挥人民群众积极性、主动性、创造性，巩固和发展生动活泼、安定团结的政治局面。”②

完善全过程人民民主各项制度。我国各项制度是围绕人民当家作主构建的，国家治理体系是围绕实现人民当家作主运转的。人民代表大会制度、中国共产党领导的多党合作和政治协商制度、爱国统一战线、民族区域自治制度、基层群众自治制度等，构成了人民当家作主制度体系，也建构了全过程人民民主的制度程序。新征程上，要在中国特色社会主义国家治理体系框架下，推进制度创新和技术运用的结

---

① 中华人民共和国国务院新闻办公室：《中国的民主》白皮书，2021 年 12 月。

② 《习近平著作选读》第 1 卷，人民出版社 2023 年版，第 31 页。

合，不断完善全过程人民民主各方面、各环节的具体机制，拓展群众参与和监督的渠道，把人民权利真正落实，更好地用权利制约权力，从源头上遏制腐败的发生。比如，在互联网年代，要有效利用网络信访平台、互联网领导信箱、网络“留言板”等形式，为社会公众提供更为便捷、成本更低的民主参与渠道，实现线上民主参与和线下民主参与的结合；结合社会结构的变化、群众参政议政方式的发展，丰富基层群众自治制度的具体实现形式；稳步推进人民群众参与、监督的立法，将人民群众的参与权、监督权等以法律形式更好地固定下来、规范起来。

保障人民所享有的各项权利的落实。从理论上讲，全过程人民民主的优势在于能够更好地将“纸面的权利”落实为人民群众手中真正的权利。但也要看到，“纸面的权利”不等于实际的权利，“我国经济社会发展水平和人民生活水平不断提高，人民群众的公平意识、民主意识、权利意识不断增强”①，民主权利的落实与群众期待还有差距。要更有效地推动人民群众选举、参与、决策、管理、监督各方面权利的落实，更好地推动和保障公平参与、依法参与。对党员干部来讲，要进一步转变工作作风，更好树立民主意识、法治意识，“珍惜人民给予的权力，用好人民给予的权力，自觉让人民监督权力”②。

（四）鼓励和推动地方廉洁制度建设

廉洁制度建设的主体有中央和地方两个层面，地方廉洁规章制度的数量多于中央。地方廉洁制度建设既是落实全面依法治国、全面从

---

① 《习近平著作选读》第1卷，人民出版社2023年版，第184页。

② 《习近平著作选读》第1卷，人民出版社2023年版，第212页。

严治党的重要抓手，也是构建自身特色的廉洁制度的重要途径。相比于中央来讲，地方廉洁制度建设能够更好地结合自身实际，更好地针对产生消极腐败现象的地方性因素，更好地挖掘地方性的廉洁文化的积极因素。党的十八大以来，各地在党中央和地方党委领导下，地方党内法规（省一级党委）、地方性法规和规范性文件的制定上有了新的进展。从实践上看，鼓励有条件的地方党委、人大、政府根据自身实际，积极探索地方廉洁制度，为新时代廉洁文化建设贡献地方力量、地方智慧，是一条可行的路径。

链　接

深圳前海：用“廉洁指数”提振“发展指数”，打造廉洁治理高地

近日，在前海开发开放成果发布会上，第三方研究机构评估显示，前海廉洁指数总得分连续五年呈现稳步提升的态势，腐败控制、腐败机会、清廉感知等指标表现良好，廉洁状况持续优化。

中共中央、国务院印发《全面深化前海深港现代服务业合作区改革开放方案》以来，深圳牢牢把握“国之大者”，深入调研，借鉴国内外先进经验，出台了《关于深入推进廉洁前海建设的若干措施》（以下简称《若干措施》），一体推进廉洁政治、廉洁政府、廉洁市场、廉洁法治、廉洁社会建设，探索构建全覆盖、立体化的廉洁建设体系，为前海打造廉洁治理高地提供有力支撑。

优质的政务服务与营商环境离不开“廉洁”元素的加持。《若干措施》提出，打造接轨国际的政务服务体系，推动实行商事主体登记确认制，推行极简投资审批，建设一体化企业服务平台，并探索建立“政务服务体验官”“企业服务好评差评”等制度；构建以信用为基础

的市场监管机制，建立健全企业公共信用综合评价机制，并探索建立行贿人综合惩戒制度机制。

在廉洁法治建设方面，《若干措施》提出健全公正透明规范的司法机制，严格落实防止干预司法“三个规定”等制度规定，完善司法责任制落实机制，健全司法过错责任追究和司法公开制度；同时，进一步规范行政执法行为，完善行政执法“双随机、一公开”制度，探索以风险分类和信用分级为基础实施差异化监管。

（资料来源：《用“廉洁指数”提振“发展指数” 深圳出台〈关于深入推进廉洁前海建设的若干措施〉》，《深圳特区报》2022年1月4日）

从实践看，地方廉洁制度建设应注意三方面的问题：

一是制度设计的质量问题。得力于较高的理论水平和对实践中问题的把握能力以及流程的严谨，省一级地方性法规和地方党内法规编制的水平是有保证的，但客观地讲，层级相对较低的地级市及以下地方党委、政府规范性文件的制定，质量仍难以保证，需要提升。

二是形式主义与制度“走样”的问题。一些地方制定包括廉洁制度在内的制度文件存在明显的“上下一般粗”情况，缺少针对地方实际的可操作性的“干货”，有的甚至偏离问题导向，为制定制度而制定制度，形式主义色彩较为浓厚。地方党委、政府在制定廉洁制度这样的具有敏感性的规范性文件过程中，也面临复杂的利益关系和各种因素影响的问题。警惕制度制定过程中各种非正当因素的影响，防止制度“走样”，是地方需要特别注意的问题。

三是制度的连续性、稳定性问题。近年来，地方党委、政府领导更换较为频繁，这不仅对地方规范性文件的制定造成影响，也在很大程度上影响制度的连续性、稳定性。实践中，新的领导人虽然对直接废除前任领导人在位时制定的制度文件有所顾虑，但往往会以新的文件取而代之，或者将其束之高阁。连续、稳定，避免朝令夕改，是规则、制度的基本原则，地方党委、政府在廉洁制度建设中必须认真对待。

第六章

夯实廉洁文化建设社会基础

廉洁文化的主体是所有社会成员，廉洁文化建设是一项全员性工程，社会基础至关重要。习近平总书记在浙江工作时就指出：“要积极推动廉政文化进机关、社区、学校、企业、农村和家庭，促进全社会形成以廉为荣、以贪为耻的良好风尚，努力形成党风政风与社会风气的良性互动局面。”加强廉洁文化建设，要区分不同层级、不同领域、不同群体，突出精准投放、靶向施策，增强廉洁文化建设针对性、实效性、多样性，构建社会价值底线，形成廉洁价值共识，夯实廉洁文化建设的道德基础、社会风气基础和家庭基础，让廉洁文化“日用而不觉”，为全面从严治党向纵深发展和社会主义文明程度不断提升提供重要支撑。

一、培养党员干部廉洁自律道德操守

党员干部是党的事业的骨干，是人民的公仆，忠诚干净担当是党员干部的根本政治要求和道德准则。党员干部廉洁与否，事关党的形象、人民的利益、民族的复兴。习近平总书记强调：“共产党人拥有人格力量，才能赢得民心。全党同志都要明大德、守公德、严私德，清清白白做人、干干净净做事，做到克己奉公、以俭修身，永葆清正廉洁的政治本色。”[①] 廉洁文化建设的首要对象就是党员干部，夯实党员干部廉洁自律道德根基，既是廉洁文化建设的关键节点，又是推进新时代伟大事业的前提保障。

（一）新征程对党员干部提出了更高要求

办好中国的事情，关键在党。中国共产党是中国特色社会主义事业的领导核心，肩负着国家富强、民族复兴、人民幸福的历史使命。在新的历史条件下，党所处的国际国内环境日益复杂，面临“执政考验、改革开放考验、市场经济考验、外部环境考验”四大考验、“精神懈怠危险、能力不足危险、脱离群众危险、消极腐败危险”四种危险。如何在党全面领导和长期执政的条件下，保持党的先进性和纯洁性，筑牢党的执政基础，确保党始终成为中国特色社会主义事业的坚强领导核心，是党必须回答的时代之问、人民之问。党的十八大以来，全面从严治党从转变党的作风入手，不断向纵深发展，不断在不想腐

① 习近平：《在“七一勋章”颁授仪式上的讲话》，《人民日报》2021年6月30日。

上巩固提升，更加注重固本培元、标本兼治。习近平总书记指出："党内政治生活、政治生态、政治文化是相辅相成的，政治文化是政治生活的灵魂，对政治生态具有潜移默化的影响。"① 新时代廉洁文化建设有助于建设先进的政党文化和廉政文化，严肃党内政治生活，净化党内政治生态，营造风清气正、生动活泼的政治氛围，为党团结带领全党全国各族人民奋进新征程、建功新时代提供有力的政治支撑。

党的十八大以来，反腐败斗争取得压倒性胜利并全面巩固，但我们也要清醒地认识到反腐败斗争形势依然严峻复杂，遏制增量、清除存量的任务依然艰巨，"不想腐"是我们要实现的根本目标。反腐败斗争是一场输不起也决不能输的重大政治斗争，每一名党员干部都是反腐败斗争的"前哨站""局中人"。古人云：见微而知著。党员干部的一言一行不仅代表着个人素养，更代表着党的作风和形象。广大党员干部要清醒认识腐败问题产生的土壤和条件尚未彻底铲除，既要把好理想信念"总开关"，牢固树立党章意识，增强纪律意识、规矩意识，时刻警惕贪腐陷阱，又要严管配偶、子女等亲属和身边工作人员，以身作则引导身边人强化道德约束，筑牢防腐拒变的防线。深入推进反腐败斗争，"不想腐"是根本，要靠加强理想信念教育，靠提高党性觉悟，靠涵养廉洁文化，夯实每一名党员干部不忘初心、牢记使命的思想根基。正如习近平总书记所言："干部的党性修养、道德水平，不会随着党龄工龄的增长而自然提高，也不会随着职务的升迁而自然提高，必须强化自我修炼、自我约束、自我改造。"②

党的二十大擘画了以中国式现代化全面推进中华民族伟大复兴的

---

① 《习近平著作选读》第 1 卷，人民出版社 2023 年版，第 523 页。

② 《在常学常新中加强理论修养　在知行合一中主动担当作为》，《人民日报》2019 年 3 月 2 日。

壮丽蓝图，擘画了人民美好生活的美丽画卷。全面建设社会主义现代化国家、全面推进中华民族伟大复兴，需要一支政治过硬、适应新时代要求、具备领导现代化建设本领的干部队伍。习近平总书记强调："自身硬首先要自身廉。廉，重在自觉，贵在持久，难在彻底。"① 德才兼备、以德为先是新时代党员干部应当具备的基本条件。广大党员干部要牢记初心使命，坚定理想信念，强化党性意识，涵养廉洁理念，提高政治判断力、政治领悟力、政治执行力，保持政治定力，增强防腐拒变能力，清清白白做人、干干净净做事，走好新时代赶考之路。

说一千道一万，新时代新征程为党员干部提供了建功立业的更大平台、更多机会，也对党员干部提出了更高的廉洁要求，廉洁这条底线守不住，所有的平台和机会都归于零。新时代廉洁文化建设，要担负起培育党员干部廉洁自律道德操守的任务，在实现伟大复兴的道路上造就一支本领高强、清廉奉公、干净干事的高素质队伍。

链　接

当前部分党员干部身上仍然存在的问题

总体来看，现在广大党员、干部的能力素质和精神状态是好的，但也要清醒看到，干部队伍中不愿担当、不敢担当、不善担当的问题还比较突出。有的为了不出事宁愿不干事，得过且过；有的碰到矛盾和难题绕道走，把自身责任往外推，不敢动真碰硬；有的光说不练，表态快、调门高，行动慢、落实差；有的德不配位、能力平庸，挑不起重担，打不开工作局面；有的瞻前顾后、畏首畏尾，在重大风险挑战面前底气不

① 习近平：《为实现党的二十大确定的目标任务而团结奋斗》，《求是》2023 年第 1 期。

足、惊慌失措；等等。这些问题尽管存在于少数党员、干部身上，但任其发展，就会损害党的形象、贻误党的事业，必须认真加以解决。

党内存在的思想不纯、组织不纯、作风不纯等突出问题尚未得到根本解决，一些已经解决的问题有可能死灰复燃，一些新的问题还在不断出现。比如，一些地方和部门贯彻落实党中央决策部署不到位，要么简单化、“一刀切”，照抄照搬、上下一般粗，要么做选择、搞变通、打折扣，不顾大局、搞部门和地方保护主义；享乐主义、奢靡之风不时抬头，隐形变异行为潜滋暗长，铲除形式主义、官僚主义顽疾还任重道远；一些党组织政治功能、组织功能不强，党建引领基层治理作用发挥还不充分；反腐败斗争形势依然严峻复杂，遏制增量、清除存量的任务依然艰巨；等等。解决这些问题一刻也不能放松，必须把严的基调、严的措施、严的氛围长期坚持下去，不断把全面从严治党引向深入。

（资料来源：习近平：《在学习贯彻习近平新时代中国特色社会主义思想主题教育工作会议上的讲话》，《求是》2023 年第 9 期）

（二）修养政治品德

为官之道，德在其首。从政者之德，首在政治品德。政治品德是党员干部道德品行的核心与灵魂，是干部的大德所在。习近平总书记指出：“德才兼备，方堪重任。我们党历来强调德才兼备，并强调以德为先……最重要的是政治品德要过得硬。”① 新时代新征程，修炼过硬的政治品德是党员干部的必修课，是造就忠诚干净担当的高质量队

① 《严把标准公正用人拓宽视野激励干部　造就忠诚干净担当的高素质干部队伍》，《人民日报》2018 年 11 月 27 日。

伍的关键所在。

政治品德是政治规范在一个人言行举止中的具体表现，是政治品行和政治修为的集中体现，主要包括在政治方向、政治立场、政治态度、政治纪律、党性原则等方面的表现。“天下至德，莫大于忠。”党员干部政治品德是否过硬，忠诚是首要标准。毛泽东指出：“一个共产党员，应该是襟怀坦白，忠实，积极，以革命利益为第一生命，以个人利益服从革命利益。”① 习近平总书记强调：“对党忠诚，是共产党人首要的政治品质。我们党一路走来，经历了无数艰险和磨难，但任何困难都没有压垮我们，任何敌人都没能打倒我们，靠的就是千千万万党员的忠诚。”② 翻开党的百年奋斗历史，一代又一代中国共产党人用对党的忠诚品格和政治担当，形成了强大的凝聚力、战斗力，谱写了一篇篇可歌可泣的壮丽篇章。新征程上，广大党员干部要坚持把遵守党的政治纪律和政治规矩放在首位，时刻不忘入党誓词和初心使命，自觉锤炼绝对忠诚的政治品德。

“明大德，就是要对党忠诚，铸牢理想信念、锤炼坚强党性，在大是大非面前旗帜鲜明，在风浪考验面前无所畏惧，在各种诱惑面前立场坚定。‘天下至德，莫大乎忠’，这是领导干部首先要修好的大德。”③ 围绕新时代廉洁文化建设，广大党员干部要从思想上固本培元，坚定理想信念，坚守精神追求，提高党性觉悟，自觉用习近平新时代中国特色社会主义思想武装头脑，在重大原则问题和大是大非问题面前头脑清醒、立场坚定、旗帜鲜明，时刻警惕和防止信仰迷茫、

---

① 《毛泽东选集》第2卷，人民出版社1991年版，第361页。

② 《立志做党光荣传统和优良作风的忠实传人　在新时代新征程中奋勇争先建功立业》，《人民日报》2021年3月2日。

③ 《领导干部要明大德守公德严私德》，《贵州日报》2019年4月10日。

信念松动、精神迷失；在伟大斗争实践中自我修炼、自我约束、自我改造，自觉接受党内政治生活锻炼，增强政治敏锐性和政治鉴别力，以实际行动维护党中央权威、执行党的政治路线、严格遵守党的政治纪律和政治规矩。

链　接

一首歌，一生的承诺

杨培森（1883—1927 年），江苏川沙（今上海浦东）人。五四运动前后，他积极参加罢工斗争。1925 年 5 月，他带领祥生铁厂工人参加反帝爱国的“五卅运动”，并被推选为祥生铁厂工会会长。

1925 年，杨培森遇到了被上海区委派到浦东工作的张佐臣。张佐臣常常与杨培森谈心，向他宣传党的主张。一天，张佐臣在开会时教大家唱《国际歌》，这一场景深深打动了杨培森。他情绪激昂，充满干劲。此时的他，对党产生了无限向往，于是他找到张佐臣表明入党的心意，他对张佐臣说：“我看党为平民谋事就是好，即使砍我脑袋，我也要参加共产党。”1925 年 6 月，杨培森在张佐臣介绍下加入中国共产党。1927 年 4 月，他在中共五大上当选为中央监察委员会候补委员。

革命形势如火如荼，而杨培森的经济收入却没有保障。据杨培森的后人回忆，他原本是技术工人，薪水不低，本可过着衣食无忧的生活，但参加革命后，他不遗余力地支持革命斗争，不仅倾其所有，还借了不少债。他曾对妻子说：“一个人能为天下劳苦工人的解放多做些事，打倒了反动派，大家安居乐业，不就是顶好的事吗？”1927 年，杨培森在筹备上海第三次武装起义时，为了给武装起义购买枪支，他毫不犹豫地卖掉了自家赖以生存的七八亩田产，“甚至没有留下一件像样的衣服”。

1927 年 6 月 29 日，杨培森等人在虹口横浜桥上海总工会秘密会址开会时被敌人逮捕，扣押在淞沪警备司令部。审讯期间，因叛徒指认，身份暴露。杨培森意识到，他们可能马上会被杀害，但他没有丝毫动摇和软弱，他平静地对难友们说：“我们既被捕，只有死而已，诸同志宜各努力奋斗。”7 月 1 日，临刑时，杨培森神色自若，最后一次唱起了那首《国际歌》——“起来，饥寒交迫的奴隶！起来，全世界受苦的人！满腔的热血已经沸腾，要为真理而斗争！”

（资料来源：《杨培森：即使砍我脑袋，我也要参加共产党》，中央纪委国家监委网站 2019 年 8 月 2 日）

（三）坚守社会公德

社会公德，即社会公共生活准则，是一个社会全体公民在社会交往和公共生活中应该遵循的基本行为准则和道德规范。对广大党员干部来说，社会公德即树立以人民为中心的发展理念，树立公仆意识，坚持服务人民，坚持执政为民，始终代表最广大人民的根本利益。正如习近平总书记所言：“守公德，就是要强化宗旨意识，全心全意为人民服务，恪守立党为公、执政为民理念，自觉践行人民对美好生活的向往就是我们的奋斗目标的承诺，做到心底无私天地宽。”①

广大党员干部遵守社会公德既是马克思主义政党内在要求，又是社会主义初级阶段国情的必然要求，更是新时代廉洁从政的基本要求。马克思主义认为，人民是社会历史的主体，是社会物质财富和精神财富的创造者，是社会变革和发展的决定力量。毛泽东强调：“我们共

① 《习近平关于全面从严治党论述摘编》，中央文献出版社 2021 年版，第 342 页。

产党人区别于其他任何政党的又一个显著标志，就是和最广大的人民群众取得最密切的联系。全心全意地为人民服务，一刻也不脱离群众；一切从人民的利益出发，而不是从个人或小集团的利益出发；向人民负责和向党的领导机关负责的一致性；这就是我们的出发点。”① 党员干部作为社会群体中的先进分子，处于社会生活的组织者、管理者的特殊地位，其道德操守直接影响着全社会道德风尚。一方面，党员干部的道德操守具有示范引领作用。古人云：“君子之德风，小人之德草。草上之风，必偃。”党员干部自身的社会道德规范对全体人民道德建设发挥引领、示范、凝聚、推动的风向标作用。试想，如若党员干部都不能以身作则、言行不一，甚至贪污腐败而不知耻，那么以德治国、社会主义思想道德建设从何谈起？另一方面，社会公德是党员干部践行初心使命的“聚光灯”。时代是出卷人，干部是答卷人，人民是阅卷人。人民群众对党的认同、对党员干部的认同源于广大党员干部是否真心为民、诚心为民。

坚守社会公德，首先要遵守职业道德。对党员干部来说，职业道德就是作为公职人员、作为公权力的掌握者所必须遵守的道德规范。《中华人民共和国公务员法》《党政领导干部选拔任用工作条例》《党政领导干部考核工作条例》《公务员考核规定》等国家法律和党内法规对党员干部的职业道德作了明确规定，党员干部必须遵循国家法律和党内法规的要求，在工作中切实遵守。比如，《党政领导干部选拔任用工作条例》规定，党政领导干部选拔任用“德”的条件主要是：坚持解放思想，实事求是，与时俱进，求真务实，认真调查研究，能够把党的方针政策同本地区本部门实际相结合，卓有成效地开展工作，落实“三严三实”要求，主动担当作为，真抓实干，讲实话，办实

① 《毛泽东选集》第3卷，人民出版社1991年版，第1094-1095页。

事，求实效；正确行使人民赋予的权力，坚持原则，敢抓敢管，依法办事，以身作则，艰苦朴素，勤俭节约；坚持党的群众路线，密切联系群众，自觉接受党和群众的批评、监督，加强道德修养，讲党性、重品行、作表率；带头践行社会主义核心价值观，廉洁从政、廉洁用权、廉洁修身、廉洁齐家，做到自重自省自警自励，反对形式主义、官僚主义、享乐主义和奢靡之风，反对任何滥用职权、谋求私利的行为。细看内容，这些都是对党员干部职业道德的规定和要求，是领导干部必须遵守的规范。

对公共场合言行举止的规范，是社会公德的重要内容。对党员干部来说，在公共场合以身作则，严格遵守社会道德规范极为重要。对党员干部来说，对在公共场合不遵守道德规范，造成消极社会影响的，不仅要受到道德谴责和社会负面评价，还要受到党纪处分。《中国共产党纪律处分条例》第一百五十三条规定，违背社会公序良俗，在公共场所、网络空间有不当言行，造成不良影响的，给予警告或者严重警告处分；情节较重的，给予撤销党内职务或者留党察看处分；情节严重的，给予开除党籍处分。第一百五十四条规定，有其他严重违反社会公德、家庭美德行为的，应当视具体情节给予警告直至开除党籍处分。

链　接

“副局长打砸营业厅”：不是一个党员干部该有的样子

2020 年 9 月 16 日上午，湖南省岳阳县农业农村局副局长吴爱桃与丈夫邓金春到岳阳县移动公司营业厅办理手机号码套餐降档业务，负责接待的是该公司营业员何某，双方因为新套餐生效时间意见不统一发生口角，何某与邓金春对骂并摔东西，吴爱桃将桌上的电脑显示屏和手写板推倒在地。接到移动公司报警后，岳阳县公安局城北派出所受理此案。由于吴爱桃夫妇扰乱单位秩序，违反治安管理处罚法，该所作出吴爱桃夫妇向何某等人当面道歉、全额赔偿损坏的财物、给予罚款的处罚。

吴爱桃身为国家公职人员，邓金春身为中共党员和国家公职人员，违反了国家法律法规和党的纪律，造成了不良社会影响。经岳阳县纪委监委研究并报县委批准，决定给予吴爱桃政务记大过处分，给予邓金春党内警告处分。

中央纪委国家监委网站就此专门发文《“副局长打砸营业厅”：不是一个党员干部该有的样子》进行评论。文中写道：

暂且不论营业厅业务员办理业务时是否有操作瑕疵或态度不当，作为党员干部、公职人员，无论如何不应该在公共场合打摔东西。如果有不满意的地方，应当以正常渠道反映意见，用心平气和的方式进行沟通，解决纠纷。动辄秀“野蛮”，比谁气势大，绝不是一个党员干部该有的样子。他们被依规依纪依法作出严肃处理，也是咎由自取。

党员干部形象非小事，工作、生活中的点点滴滴、一言一行，表面上看是个人行为，实则与党和政府形象紧密相连。如果不注意自身形象，甚至要官威、给脸色、违规违纪违法，造成的影响往往很恶劣。

党组织和相关部门对类似舆情反映，要不回避、不遮掩，及时查清问题，实事求是作出处理，给群众负责任的交代，坚决维护党员干部队伍形象。同时也警示广大党员干部，要习惯在受监督和约束的环境中工作生活，对纪律、规矩时刻保持敬畏之心、戒惧之心，讲操守、重品行，身有所正、言有所规、行有所止。

（资料来源：《“副局长打砸营业厅”：不是一个党员干部该有的样子》，中央纪委国家监委网站 2020 年 9 月 22 日）

新征程上，党员干部必须严守社会公德，以身作则树榜样。党员干部要谨记宗旨，崇德实干，常怀敬畏之心，熟知自身从哪里来、要到哪里去；落实全面从严治党要求，坚持法律红线不逾越、道德底线不触碰，自觉践行社会主义核心价值观，不断锤炼党性、改进作风，践行忠诚老实、艰苦奋斗、清正廉洁等品格；见贤思齐，正心修身，补足精神之钙，以自身的模范行动弘扬正能量，引领社会向上向善向廉新风尚。

（四）把牢个人私德

私德，与社会公德相对，是指对自己和家庭的道德要求和规范，包括个人道德和近亲之德。个人道德，是一种与自身相关的道德行为和品性；近亲之德，是一种基于血缘亲情关系的道德行为和品性。古人云："不矜细行，终累大德。"人无私德不能立身，官无私德不能为政。中国自古以来就有"修身、齐家、治国、平天下"的智慧和观念，在历史的长河中，那些帝国的崩溃、王朝的覆灭、执政党的下台，无不与其当政者不立德、不修德、不践德有关，无不与其当权者及其近亲属作风不正、腐败盛行、丧失人心有关。可以说，私德是党员干部的处世之道和从政起点。

党员干部要严守个人道德，做守纪律的清白人。习近平总书记指出："严私德，就是要严格约束自己的操守和行为。"[①] 严私德本质上是党员干部不断与自己的陋习和薄弱意志作斗争的过程。首先，要善于修身律己，及时反省自查，不断强化自我约束，做到慎言、慎行、慎独、慎微、慎友，做到立场鲜明、爱憎分明、知人之明、兼听则明。正如习近平总书记所说："年轻干部要有'检身若不及'的自觉，经

---

① 《习近平关于全面从严治党论述摘编》，中央文献出版社2021年版，第342页。

常对照党的理论、对照党章党规党纪、对照初心使命、对照党中央部署要求，主动查找、勇于改正自身的缺点和不足。”[①] 其次，要管好自己的生活圈、交往圈、娱乐圈，把好权力关、金钱关、美色关，特别是要构建清清爽爽的同志关系、规规矩矩的上下级关系、亲清统一的新型政商关系，坚持以义相交、不逾规矩，自觉抵御不良诱惑，永葆清廉本色。最后，要用好批评与自我评判，坚持谈问题不回避、找差距不护短、查根源不遮丑，以虚怀若谷、海纳百川的宽阔胸襟检视自己、改正缺点、纠正不足，进而实现自我净化、自我完善、自我提高，永葆共产党人的先进性和纯洁性。

亲情是人世间最美好的情感之一，关爱家庭、关心家人是人之常情，共产党员也不例外。纵观党的百年奋斗历史，毛泽东、周恩来、朱德、邓小平、习仲勋等老一辈无产阶级革命家率先垂范，留下了许多公私分明、严以律己、严格家教家风的事迹。然而，近年来，一些党员干部信奉“封妻荫子”“一人得道，鸡犬升天”“有权不用过期作废”等歪理邪说，以关爱亲属之名，行以权谋私之实，导致“祸起萧墙”“后院起火”，从根本上而言就是放纵了亲情，失去了近亲之德。家风连着党风，家事连着国事。建设美好家庭，树立良好家风，是党员干部忠诚报国、立命为民的坚实后盾。党员干部要以治家为本，在“正好家风、管好家人、处好家事、育好子女”上下功夫，引导家属子女耐得住清贫、抗得住诱惑、管得住小节，防止“枕边风”成为腐化的导火索，防止子女打着自己的旗号非法牟利，防止身边人把自己“拉下水”。这也是正所谓“积善之家，必有余庆；积不善之家，必有余殃”。

---

① 《立志做党光荣传统和优良作风的忠实传人　在新时代新征程中奋勇争先建功立业》，《人民日报》2021 年 3 月 2 日。

链　接

不谋私利，不搞特殊化

新中国成立后，周恩来的不少故乡亲友给他写信，想在新政府里谋得一官半职。周恩来十分反感这种任人唯亲的腐朽作风，认为新社会不能搞旧社会的裙带关系。为此，他专门召集身边亲友开了一个家庭会议，并定下了著名的“十条家规”：

一、晚辈不准丢下工作专程来看望他，只能在出差顺路时去看看；

二、来者一律住国务院招待所；

三、一律到食堂排队买饭菜，有工作的自己买饭菜票，没工作的由总理代付伙食费；

四、看戏以家属身份买票入场，不得用招待券；

五、不许请客送礼；

六、不许动用公家的汽车；

七、凡个人生活上能做的事，不要别人代办；

八、生活要艰苦朴素；

九、在任何场合都不要说出与总理的关系，不要炫耀自己；

十、不谋私利，不搞特殊化。

周恩来是这样制定家规的，也是这样执行的。周尔辉是周恩来的侄子，烈士之后。周恩来将周尔辉接到北京抚养后并没有让他在干部子弟学校学习，而是让他到普通的二十六中学住校学习。周恩来特别叮嘱周尔辉，无论是领导谈话、填写表格，还是同学交往，千万不要说出与他的这层关系。1961 年，北京钢铁学院帮助解决了周尔辉夫妻分居难题。周恩来知道后批评道：“这几年遭受自然灾害，中央调整国民经济，北京市大量压缩人口，国务院也正在下放、压缩人员，你们为什么搞特殊化，不带头执行?”此后，周尔辉夫妇一起调回淮安工作。周恩来总理家风严格，不谋私利，以良好的家风践行了中国共产党人的初心使命。

（资料来源：《一代领袖家风美谈》，中央纪委国家监委网站2014年4月29日）

二、培育和弘扬崇廉拒腐社会风尚

廉洁文化的主体和对象不仅有党员干部，还包括所有社会公众，风清气正、向上向善的社会环境、社会风气的营造，是廉洁文化的重要内容。培育崇廉拒腐的社会风尚，厚植廉洁的社会土壤，是新时代廉洁文化建设最为艰难的目标任务，也是新时代廉洁文化建设的针对性所在。《关于加强新时代廉洁文化建设的意见》强调，要“在全党全社会营造和弘扬崇尚廉洁、抵制腐败的良好风尚”。

（一）廉洁文化建设的艰巨任务

清廉是现代社会的基石，是现代化国家的底色；以廉洁价值为指引，形成崇廉拒腐社会风尚，是廉洁文化的基础性内容，也是全社会共同追求的目标。中国特色社会主义现代化强国是富强民主文明和谐美丽共存的国家，自然也是一个清正廉洁、民主法治、公平正义、诚信友爱、充满活力、安定有序的社会。不过，要在全社会培育崇廉拒腐社会风尚，却是一项艰巨的工作任务。

说其艰巨，是因为人口规模庞大，社会价值多元。人口规模与价值观教育的难度不是正比例关系，但人口规模巨大，确实是影响价值观教育的一个重要因素，特别是与个人利益、社会文明程度、多元价值观等因素结合，人口规模大就意味着价值观的培育难度大，培育崇廉拒腐社会风尚更是如此。比如，有人虽然口头认同廉洁价值，时时以廉洁要求他人，但在自己的利益面前，却把廉洁价值抛在脑后；有人对廉洁价值的认同度不高，甚至认为腐败是经济发展的润滑剂。这些现象的存在，对全社会培育崇廉拒腐社会风尚是极为不利的。

说其艰巨，是因为消极传统文化的影响仍大。我国的传统文化中既有精华即中华优秀传统文化，也有糟粕。就崇廉拒腐社会风尚而言，我国传统的人情文化是一个大的挑战，有学者以“人情”“面子”“关系”等概念来概括中国人的传统交往方式和特点。[①] 人情是多面的，讲人情、重感情未必都是坏事，但涉及公权力的行使和国家法律法规、党内法规的执行，无原则地讲人情就会带来严重的消极影响，不利于培育崇廉拒腐社会风尚。实事求是地讲，要从根本上改变老百姓遇到事情就“找人”“托人情”的现象，树立对法治的信仰，是一项难度很大的工作。习近平总书记对此深有体会，他曾说：“法律要发挥作用，需要全社会信仰法律。卢梭说，一切法律中最重要的法律，既不是刻在大理石上，也不是刻在铜表上，而是铭刻在公民的内心里。我国是个人情社会，人们的社会联系广泛，上下级、亲戚朋友、老战友、老同事、老同学关系比较融洽，逢事喜欢讲个熟门熟道，但如果人情介入了法律和权力领域，就会带来问题，甚至带来严重问题。”[②] “要深入开展法制宣传教育，弘扬社会主义法治精神，引导群众遇事找法、解决问题靠法，逐步改变社会上那种遇事不是找法而是找人的现象。当然，这需要一个过程，关键是要以实际行动让老百姓相信法不容情、法不阿贵，只要是合理合法的诉求，就能通过法律程序得到合理合法

① 参见翟学伟：《人情、面子与权力的再生产》，北京大学出版社2013年版。

② 《十八大以来重要文献选编》（上），中央文献出版社2014年版，第721页。

的结果。”①

说其艰巨，是因为市场经济客观上存在的消极影响。市场经济是资源配置效率最高的经济形态，社会主义市场经济是我国的基本经济制度必须毫不动摇地坚持。但也要看到，市场经济客观上也有消极的一面，在制度不健全的情况下，市场经济的消极面还会扩大、蔓延。我国仍然处在社会主义初级阶段，社会主义市场经济体制机制尚不完善，仍然存在各种各样的矛盾和问题，如市场经济的开放性容易使商品变换原则渗入党内和国家机关，增加了腐败腐化的风险；市场经济容易诱发拜金主义价值观，将牟利发财作为第一位的目标追求。这些现象的存在，会对培育和树立崇廉拒腐社会风尚带来影响。不过，这也正好说明培育崇廉拒腐社会风尚的意义所在：培育崇廉拒腐社会风尚，有助于从根本上扭转社会风气，净化社会环境，增强全社会的崇廉拒腐意识，形成以廉为荣、以贪为耻的社会风尚，形成一个干群关系融洽、社会和谐安定的良好局面，为社会主义现代化国家建设提供思想基础和精神支撑。

链　接

人情文化：我们既是参与者也是受害者

一位异地任职的厅级干部，近来颇受“人情”困扰。原来，老家的一些亲戚跑到他所在的城市，打着他的旗号“揽事觅食”。当他知道后，狠狠批评了那些亲戚。不想，对方反倒埋怨他自私，只管自己不顾亲人。其他亲戚也觉得他不近人情。

浙江省某县级市一名干部告诉记者，去年他孩子按规定可就读机

① 《十八大以来重要文献选编》（上），中央文献出版社2014年版，第722页。

关幼儿园，报名时却被告知招生规则调整，无法就读，只好作罢。后经了解，不属于招生范围的对象却通过各种关系拿走近三分之一的招生名额。事过之后，这位干部与机关幼儿园负责人谈及此事，竟被责备："你怎么不早打招呼？"

坚持原则被视为"不近人情"，依规处事却吃了"不打招呼"的亏。在记者看来，人情社会的典型特征就是，讲人情看关系，重人情轻规则，凡事有关系者优先，在关系面前原则可以绕过。这也导致在遇到事情时，许多人首先想到的是找熟人、托关系、"走后门"，以至于"裙带关系"盛行，人情消费变得普遍，人情社会成了"腐败亚文化"滋生的肥沃土壤。

"在熟人的感情拉拢下，一些基层干部或主动或被动地卷入'亚腐败'行为。比如，有的对'酒桌办事'心照不宣，卖个人情、显示威风大有市场；有的偏爱有熟人来追捧，故意拖着事情不办，让你找朋友、托关系、打招呼，这种熟人社会的人情纠结，大大冲击了基层政务软环境建设。"福建省石狮市纪委干部陈伟鹏表示。

在"人人求我、我求人人"的人情社会语境下，即使位高权重的领导干部，也避免不了四处求人的窘境。因为，一个人在某个岗位上，都拥有一定的职责权力和人脉关系，很多时候他是被求的对象，然而换一个领域，在他能力达不到的地方，他又不得不有求于人。于是，"圈子文化"便"应运而生"，一些背离了党的理想信念宗旨的官员之间，你帮我亲戚找项目，我帮你家人做工程，你帮我儿子招录，我帮你女儿提干，"船过水无痕"。

"这样畸形的'人情文化'，让一些领导干部成为利益团体的附庸，丧失独立的政治人格和政治立场，同时也形成了'逆淘汰'效应，遵规守纪者寸步难行，而熟络人情者大行其道，终将导致政治生态恶化和整个社会溃败。"华侨大学政治与公共管理学院教授、博士生导师庄锡福表示。

更可怕的是，“人情”还常常异化成一些人行贿受贿的挡箭牌，当权钱交易式的腐败行为被行动者理解为“人情往来”时，“腐败亚文化”已深深嵌入人情社会的生活实践之中，进一步扭曲了人们的价值观。如南京市原市长季建业“落马”后就曾忏悔：“我被人情遮住眼睛，在朋友圈中淡忘了底线、防线和界线。”

事实上，“生老病死都要求人”这张大网，我们很多人既是受害者，也是积极参与的编织者。一个人通过“走后门”，办成了事，尝到了甜头，殊不知，这种行为扰乱了社会秩序，损害了公平正义。在“人人逐利、人人俱损”的社会环境下，最终没有赢家，大家都是受害者。

人情有度，法纪为界。专家表示，领导干部要树立正确的人情观，管好自己的“朋友圈”，在工作和生活中分清贿与礼、公与私、情与法，切实做到不为人情所扰，不为亲情所困，不为友情所累，不为私情所惑，为自己的人情往来画好红线，真正做到“当官守官德，党员讲党性，办事有原则”。

（资料来源：《人情社会，“腐败亚文化”的土壤》，《中国纪检监察报》2016 年 3 月 28 日）

（二）以丰富多样的形式讲活廉洁文化

文化的生命力在于交流和传播，文化的传播扩散造就了丰富多样且经久不衰的文化。弘扬崇廉拒腐社会风尚，要用人民群众喜闻乐见的形式讲活讲透廉洁文化，使廉洁文化入脑入心。

统筹优化各类媒体资源，搭建弘扬廉洁风尚传播矩阵。一是要充分利用传统媒体途径。报纸、杂志、广播、电视等传统媒介具有内容权威性、受众稳定性、地域优势性、队伍专业性等特点。当前，廉洁文化建设、弘扬廉洁风尚方兴未艾，廉洁文化与腐败文化交织，要充分发挥传统媒体优势，加大廉洁内容建设，营造权威、严谨的廉洁文化内容和氛围。二是要强化新兴媒体格局建设。随着社会的进步与发展，新媒体技术已经进入千家万户。相较于传统媒体，新兴媒体具有可及性、互动性、多元性、便捷性等特点，有助于信息的迅速广泛传播。2022 年，我国全国互联网上网人数 10.67 亿人，其中手机上网人数 10.65 亿人，互联网普及率为 75.6%，其中农村地区互联网普及率为 61.9%。[①] 要充分利用微博、微信、短视频、直播等方式，使廉洁文化充斥互联网阵地，扩大廉洁文化广度和深度，以较强的互动感和体验感缩小廉洁文化与人民群众的距离，提升人民群众的参与度和认知度，让廉洁文化得以广泛及时传播和弘扬。三是要打造廉洁文化融媒体传播矩阵。当前，5G、人工智能、VR、大数据等互联网技术迅猛发展，媒体格局、舆论环境发生深刻变化。习近平总书记强调："全媒体不断发展，出现了全程媒体、全息媒体、全员媒体、全效媒体，信息无处不在、无所不及、无人不用"[②]，"传统媒体和新兴媒体不是取代关系，而是迭代关系；不是谁主谁次，而是此长彼长；不是谁强谁弱，而是优势互补"[③]。要立足媒介特点，精准掌握不同群体的信息接收偏好和能力，用差异化、个性化、多样化的传播方式，打造一体化、全方位、立体化的清廉文化传播矩阵。同时，充分利用国际社会

① 国家统计局：《中华人民共和国 2022 年国民经济和社会发展统计公报》，中国政府网 2023 年 2 月 28 日。

② 《迈出建设网络强国的坚实步伐——习近平总书记关于网络安全和信息化工作重要论述综述》，《人民日报》2019 年 10 月 19 日。

③ 习近平：《加快推动媒体融合发展 构建全媒体传播格局》，《求是》2019 年第 6 期。

对我国反腐倡廉建设和成果的认可，讲好中国廉洁故事，发好中国廉洁声音，推动内外宣传一体发展，形成廉洁文化的国内外联动传播模式，为营造风清气正的廉洁共同体贡献中国智慧。

立足组织推动，在思想文化宣传工作中着重融入廉洁文化内容。各级党组织要压实主体责任，坚持统筹部署，将廉洁文化传播、培育崇廉拒腐社会风尚融入党风廉政建设和反腐败斗争工作布局，通过教育引导、思想宣传、社会治理、监督检查等，将弘扬崇廉拒腐社会风尚融入人民生活和社会发展的方方面面。要引导社会各类群团组织聚焦廉洁文化建设，结合社会群团组织工作性质和业务范围，以年终总结会、表彰大会、节日庆典等为时间节点，不断深化组织成员和人民群众对廉洁风尚的认知与认可，增强廉洁文化建设合力。

强化社会共建，共同促进廉洁文化建设。廉洁风尚是面向全党全社会，面向全体人民群众的社会氛围。要以人民为中心，充分激发人民群众的首创精神和参与热情。通过丰富多样的方式方法，提升人民群众对廉洁文化的触及率，将广大人民群众吸引到廉洁文化建设之中，形成全体人民共同建设、全程参与的文化传播体系，使广大人民群众在浸入式、多样化的共建体系中，不断受到廉洁文化的熏陶感染，在潜移默化中内化于心、外化于行，实现廉洁文化化风成俗。

链　接

创新形式丰富载体　让廉洁文化“活”起来

贵阳市认真贯彻落实新时代廉洁文化建设的要求，深入探索、创新廉洁文化宣传的形式载体，真正让廉洁文化“活”起来，推动廉洁文化走进生活、贴近群众、融入日常，营造全市风清气正的风气。为让无形的廉洁文化变得看得见、摸得着，贵阳市各类各级机构不断丰富创新廉洁文化宣传的形式载体，让廉洁文化可听、可视、可感、可触。

充分发掘“线下”形式，全方位开展宣传推广廉洁风尚。贵阳市以城市公共交通为载体，以青绿色国潮风为设计主线，将莲花、翠竹、编钟等廉洁象征元素贯穿其中，在车厢醒目位置喷绘廉洁标语、廉政名言警句，并附上微信公众号二维码，打造了轨道交通1号线和48路公交线路“清廉筑城号”廉洁专线。与此同时，在地铁进出站口打造廉洁小站，设立廉洁教育宣传专栏，通过电视台、地铁车厢等方式循环播放《扣好人生的第一粒扣子》等廉政系列公益广告，让人民群众随时随地感受廉洁文化就在身边。息烽县、观山湖区纪委监委组建廉洁文化宣讲团，深入基层一线，常态化开展廉洁文化宣讲活动，营造崇廉尚洁浓厚氛围。修文县纪委监委通过将廉洁文化元素融入“六广花灯”民间传唱，让廉洁元素和传统文化融为一体，用群众喜闻乐见的方式将廉洁文化“唱”进心里。

注重“线上”同步发力，以“互联网+”思维推动新时代廉洁文化“活”起来。贵阳市纪委监委在充分运用新媒体技术，统筹整合报刊网端、音视微号等各类媒体资源，将廉洁书法、漫画作品、公益广告等在公共区域、户外醒目显示屏、党政机关办公场所进行轮回展播的同时，积极探索引导抖音、快手、小红书等新媒体企业丰富廉洁文化视听表达，打造廉洁文化传播矩阵。花溪区纪委监委推动廉洁文化与少数民族特色文化、非遗文化、红色文化、中医药文化等有机融合，创作《清廉贵州丨洗竹制笙　净心致远》廉洁公益短视频、《三双鞋映初心》红色故事、《药语廉心　补钙铸魂》H5动图等系列“线上”作品，以音频、视频、动漫等形式唱响廉洁文化“好声音”。

（资料来源：《创新形式丰富载体　让廉洁文化“活”起来》，贵州省纪委监委网站2022年12月5日）

（三）丰富廉洁文化优质产品供给

优质文化产品供给是文化繁荣的重要表现，也是文化传播的基础所在。弘扬崇廉拒腐社会风尚，加强廉洁文化建设，要增强人民群众喜闻乐见的廉洁文化产品的供给，不断提高文化服务水平。

廉洁文化是政治文化的重要组成部分，政治性、价值性是廉洁文化的根本属性，是廉洁文化建设的方向和灵魂。加强廉洁文化产品与服务，要以习近平总书记关于廉洁文化建设的重要论述和关于党的建设的重要思想为指引，遵循以人民为中心的发展理念，做到廉洁文化建设为了人民、依靠人民，廉洁文化产品与服务由人民共享、由人民评价。

各级党政机关与社会团体要充分挖掘当地中华优秀传统文化和革命文化，从历史文献、文化经典、文物古迹、非物质文化遗产入手，梳理归纳整理先贤志士、清官廉吏的故事，汲取崇廉拒腐、重德尚德的文化因素，采用编印教育读本、编排戏剧、制作动画漫画、拍摄纪录片等方式，创造一批兼具思想性、艺术性和观赏性的精品廉洁力作。各级党委要协同教育部门、文旅部门、纪检部门，制定廉洁文化产品创作计划，加大廉洁文化产品创作资金、技术支撑，形成廉洁文化产品创造的高潮，为弘扬崇廉拒腐社会风尚奠定良好的内容基础。

链 接

反腐力作《人民的名义》《狂飙》获高度评价

一位国家部委的项目处长被人举报受贿千万，当最高人民检察院反贪总局侦查处处长侯亮平前来搜查时，看到的却是一位长相憨厚、衣着朴素的“老农民”在简陋的旧房里吃炸酱面。但是，在另一处隐秘的豪宅里，壁柜里、床上、冰箱里，却塞满了现金，总数超过2.3亿元。2017年播出的电视剧《人民的名义》，一开篇，就艺术化地勾勒了一个腐败官员的“两面人生”。“厉害了，我的‘人民’!”《人民的名义》一播出，便收获粉丝无数。

2023年播出的电视剧《狂飙》，突破了以往的扫黑题材叙事，描绘了一个黑社会性质组织头目的发家史。《狂飙》整部剧的主线看点就是小警察安欣和小鱼贩高启强经历岁月蹉跎，一个成为孤家寡人，一个蜕变为黑社会性质组织头目的故事。在高启强身上，观众看到一个反派的心狠手辣，也看到了不公平的社会治安下普通老百姓一步错步步错的结局。由于情节太过于吸引，《狂飙》成为近年来少有的“现象级”电视剧，豆瓣成绩稳定在9分以上。中央纪委国家监委网站也发文点评:《狂飙》里的这些纪律红线不能踩。

文艺当与时代同行。近年来，反腐败成为文艺创作的重要题材，电视剧中触目惊心的贪腐画面，是惊心动魄的反腐败斗争的艺术再现。《人民的名义》《狂飙》等一批高质量的文艺作品，既满足了人民群众的文化生活需求，也有效传播了廉洁文化，助推了党风廉政建设。

（四）建立崇廉重廉长效社会机制

加强廉洁文化建设并非一朝一夕，需要久久为功，建立长效化崇廉重廉机制是弘扬崇廉拒腐社会风尚的重要保障。

健全激励机制，激发人民群众参与热情。激励机制能够使预定期望反复强化、不断增强，最终实现良性发展与壮大。弘扬崇廉拒腐社会风尚，既要融入群众性精神文明创建活动之中，激发全社会崇廉拒腐活力，又要建立个体廉洁奖惩制度，完善个体廉洁评价标准，加强廉洁故事、廉洁事迹、廉洁人物的评选活动，树立鲜明的廉洁导向。

健全约束机制，预防和控制腐败文化滋生。一方面，要建立健全廉洁法律规范和规章制度，形成系统完备、科学规范、运行有效的廉洁法律法规体系，以纪律的刚性约束力助推崇廉拒腐社会风尚；另一方面，要探索建立健全道德约束制度，将廉洁列入个人评价体系。

健全督导机制，保障廉洁风尚扎实稳步推进。坚持党委统一领导，纪检监察机关组织协调，有关部门齐抓共管，社会力量有序参与，把加强廉洁文化建设、弘扬崇廉拒腐社会风尚纳入党风廉政建设责任制考核、精神文明创建考评等，营造海晏河清的政治生态和社会风尚。

链　接

深入推进受贿行贿一起查

受贿和行贿一体两面。行贿者“围猎”、受贿者权钱交易，是腐败仍在发生的重要原因。斩断“围猎”与甘于被“围猎”的利益链条，才能铲除腐败滋生的土壤。要坚持不敢腐、不能腐、不想腐一体推进，构建亲清政商关系，让受贿行贿一起查成为常态。

坚持受贿行贿一起查，党中央旗帜鲜明、态度坚决。中央纪委副书记、国家监委有关负责人表示，党的十八大以来，全国纪检监察机关共查处行贿人员6.3万多人，全国检察机关共查处行贿人员3.6万余人。

推进受贿行贿一起查，重点抓好三个方面：一是明确惩治行贿的重点。具体五类重点包括：多次行贿、巨额行贿、向多人行贿的；党员干部和国家工作人员搞行贿的；在国家重要工作、重点工程、重大项目中搞行贿的；在组织人事、执法司法、帮扶救灾、教育医疗等领域搞行贿的；实施重大商业贿赂的。二是严格依法查处。《关于进一步推进受贿行贿一起查的意见》《中华人民共和国监察法》和监察法实施条例规定了对行贿人的惩治方式、处置行贿违法所得手段。三是探索实行行贿人名单管理制度。统筹运用纪律、法律、行政、经济等手段，通过限制企业资质、市场准入等，让行贿人付出应有代价。

（资料来源：《中央纪委国家监委：探索实行行贿人名单管理制度》，中国新闻网2022年10月17日）

三、加强家庭家教家风建设

家是最小国，国是千万家，家庭的前途命运与国家的前途命运紧密相连。家庭家教家风是廉洁文化的特殊而又重要组成部分，既是家事，也是国事，事关个人成长、社会和谐和国家繁荣。党的十九届六中全会将“注重家庭家教家风建设”写入《中共中央关于党的百年奋斗重大成就和历史经验的决议》。2021年7月，国家七部门联合印发《关于进一步加强家庭家教家风建设的实施意见》。党的二十大报告将“家庭家教家风建设”写入党代会报告，充分体现党中央对家庭家教家风建设的高度重视。习近平总书记强调：“不论时代发生多大变化，不论生活格局发生多大变化，我们都要重视家庭建设，注重家庭、注重家教、注重家风。”①

（一）新时代廉洁文化建设的基础性工程

新时代家庭家教家风建设直接体现社会文明程度，是社会道德建设的重要工作，对于弘扬社会主义家庭新风尚、推动新时代廉洁文化建设、推进全面从严治党具有重要现实意义。

---

① 习近平：《在2015年春节团拜会上的讲话》，《人民日报》2015年2月18日。

家庭家教家风是青少年健康成长的关键。青少年是祖国的未来、民族的希望。研究表明，少年时期是一个人最关键的黄金时期，是可塑性最强的阶段，其所受的教育和熏陶将会影响到人的一生。家庭作为青少年成长发育的主阵地，家庭氛围、家教方式、教养态度等都深刻影响着少年儿童的发展。建立和睦的家庭关系，涵养严格的家教家风，创建良好的青少年成长的家庭环境，树立伦理道德，使青少年成长为有志向、有梦想，爱学习、爱劳动，懂感恩、懂友善，敢创新、敢奋斗的时代新人，需要从家庭家教家风建设入手，从父母的言传身教入手。

建立和谐友善、清正廉洁社会要立足家庭家教家风建设。家庭是社会的细胞，是社会的基石，承担着重要的社会功能。家庭作为生命个体与社会生活之间的关联“锚点”，不仅是个体成长发育的起始点，也是公民道德教育的基准点。家风是社会风气的重要组成部分。家风好，就能家道兴盛、和顺美满；家风差，难免殃及子孙、贻害社会。试想，当每一个家庭都关系和睦，家庭成员相互关爱、相互敬重，拥有良好的家风环境和文化氛围，形成以尊老爱幼、男女平等、夫妻和睦、勤俭持家、邻里团结为核心的行为准则，何愁社会不和谐、不友善、不清廉？正如习近平总书记指出的：“家庭和睦则社会安定，家庭幸福则社会祥和，家庭文明则社会文明。”[①] 家和万事兴，家齐国安宁。立家规、传家训、树家风，以千千万万家庭好风气支撑起全社会好风气，以千千万万家庭建设支撑起社会主义廉洁社会建设，加强家庭家教家风建设是新时代构建廉洁社会的关键一招。

家庭家教家风建设是新时代廉洁文化建设和全面从严治党的重要

---

① 《习近平关于注重家庭家教家风建设论述摘编》，中央文献出版社 2021 年版，第 4 页。

抓手。家庭家教家风建设的重点是党员干部家庭。家庭家教家风建设是思想建设的“最后一公里”，有助于广大党员干部增强党性修养，进一步强化自身政治素养和思想觉悟。近年来党员干部“家族式腐败”案件频发，很重要的原因在于家庭成员缺乏相应的纪律意识和法治思维。习近平总书记痛心地指出：“从近年来查处的腐败案件看，家风败坏往往是领导干部走向严重违纪违法的重要原因。不少领导干部不仅在前台大搞权钱交易，还纵容家属在幕后收钱敛财，子女等也利用父母影响经商牟利、大发不义之财。有的将自己从政多年积累的‘人脉’和‘面子’，用在为子女非法牟利上，其危害不可低估。”① 加强家庭家教家风建设，正是要将规矩意识和法治意识融入其中，通过家庭成员之间的约束和监督，帮助党员干部有效抵御贪腐之风，提高党员干部的自律性。家庭家教家风也是评价个人形象特别是党员干部形象的重要窗口，党员干部配偶、子女的行为举止、作风形象不仅关乎自身与家庭形象，而且关系到人民群众对党的评价。家庭家教家风建设正是以优良的家教家风为基点，教育引导党员干部及其家人做到清清白白做人、干干净净做事、坦坦荡荡为官，发挥党员干部先锋模范作用带动党风政风民风社风产生新气象。

链　接

习近平总书记的家风故事

2001 年春节，母亲齐心与时任福建省省长的习近平通了一次电话。这一年的春节，习近平没能回京跟父母团聚。

① 《习近平关于注重家庭家教家风建设论述摘编》，中央文献出版社 2021 年版，第 55 页。

“你这么多工作，妈听着还挺高兴的，关键还不在于你来不来，只要你把工作做好了，就是对爸爸妈妈最大的孝心，这就是对家庭负责，也对你自己负责，这都一致的。”当听到儿子是因为工作原因无法回家的时候，齐心反而是高兴的。

习近平五六岁时，母亲齐心背着他去买讲岳飞故事的小人书。买回来之后，母亲就给习近平讲“精忠报国”“岳母刺字”的故事。“我说，把字刺上去，多疼啊！我母亲说，是疼，但心里铭记住了。”“精忠报国”四个字，习近平从那个时候一直记到现在，成为他一生追求的目标。

2001 年，家人为习仲勋举办 88 岁寿宴，欢聚一堂，唯独习近平缺席。由于公务繁忙，难以脱身，习近平抱愧地给父亲写了一封拜寿信。

习仲勋读了习近平的信后，对他因工作繁忙而不能参加寿宴非常理解，还向家人、子女和亲朋们说：“还是以工作为重，以国家大事为重”，“为人民服务，就是对父母最大的孝！”

习仲勋认为，作为党的高级干部，端正党风，首先要从自己做起，从自己的家属做起。在父母的言传身教下，习近平秉承家风，对家人的要求也非常严格。自担任领导干部以来，每到一处，他都会告诫亲朋好友：“不能在我工作的地方从事任何商业活动，不能打我的旗号办任何事，否则别怪我六亲不认。”

（资料来源：《听习近平的家风故事》，人民网-中国共产党新闻网 2022 年 2 月 2 日）

（二）家庭家教家风建设的根本在于立德树人

天下之本在国，国之本在家，家之本在德。党的二十大报告指出：

“加强家庭家教家风建设，加强和改进未成年人思想道德建设，推动明大德、守公德、严私德，提高人民道德水准和文明素养。”涵养好家庭，传播好家教，传承好家风，根本在于立德树人，如此，才能成为新时代廉洁文化建设的助力。

品德是一个人的基本素养。“才者，德之资也；德者，才之帅也。”蔡元培曾指出：“德育实为完全人格之本，若无德则虽体魄智力发达，适足助其为恶，无益也。”[①] 由此可见，品德品格直接关系到一个人的世界观、价值观和人生观，引领着知识技能的运用，既是个人成长、终身发展的基石，又是增进社会凝聚力，塑造美好社会的前提。

家庭是孩子的第一所学校，父母是孩子的第一任老师，家庭教育是一切教育的基础。青少年时期在形成世界观、人生观、价值观的过程中，家庭家教家风发挥着举足轻重的作用。有什么样的家教，就有什么样的人，教育不仅是传播知识、思想的途径，更是塑造灵魂、生命的工程。正如习近平总书记强调的：“家庭教育涉及很多方面，但最重要的是品德教育，是如何做人的教育。”[②] 加强家庭家教家风建设要紧紧围绕落实立德树人根本任务开展，切实发挥培育时代新人的基础功能。

落实立德树人根本目标，家庭家教家风建设要注重科学性。立德树人本身是一个由浅及深、循循善诱的过程，需要从感性认知上升到理性认知层面，进而形成相应的理想信念和价值标准。因此，要针对不同年龄段儿童的身心发展特点开展有重点的品德品格教育。

---

① 《蔡元培文选》，上海远东出版社 2012 年版，第 299 页。

② 《习近平关于注重家庭家教家风建设论述摘编》，中央文献出版社 2021 年版，第 18 页。

比如，4~6岁的儿童，要注重培养良好的生活和卫生习惯，培养良好的人际交往能力，增强儿童的社会适应性；13~15岁的儿童，要将“修德做人”放在首位，强化伦理道德意识，树立正确的学业观、未来观。父母和监护人要注重不断学习科学育人知识，做足育人功课，用正确的教育方式方法培养孩子，从而实现科学育人、立德树人的目标要求。

父母要以身作则，为孩子树立榜样。习近平总书记指出：“广大家庭都要重言传、重身教，教知识、育品德，身体力行、耳濡目染，帮助孩子扣好人生的第一粒扣子，迈好人生的第一个台阶。”[①] 要将家庭家教家风建设融入日常生活，转变教育理念，注重劳动教育、品德教育、实践教育，以良好的家庭关系，健康的价值观念，端正的行为举止为孩子树立榜样示范，在潜移默化中使孩子养成好思想、好品行、好习惯，涵养高尚品德。

家庭家教家风建设要深入培育和践行社会主义核心价值观。社会主义核心价值观是当代中国精神的集中体现，是中华民族赖以维系的精神纽带，是凝聚中国力量的思想道德基础，是社会主义社会评判是非曲直的价值标准。家庭家教家风建设要以社会主义核心价值观为引领，通过家庭的和谐氛围、家长的言传身教、家风的浸润感染，使社会主义核心价值观在孩子心中生根发芽，帮助孩子筑牢处世之道。

家庭家教家风建设要继承中华传统好家风。我国传统上历来重视家庭家教家风，留下了很多有价值的家训，是中华优秀传统文化重要组成部分，积极向善、崇廉尚德是我国传统家风家训的内核。新时代家庭家教家风建设要传承好、利用好中华传统好家风。

---

① 《习近平关于注重家庭家教家风建设论述摘编》，中央文献出版社2021年版，第19页。

链 接

中国古代的家庭家教家风

早教利功倍。《颜氏家训》曰："人生小幼，精神专利，长成已后，思虑散逸，固须早教，勿失机也。"康熙《庭训格言》曰："谕教宜早，弗敢辞劳。"

立志以成事。曾国藩《家书》曰："志不立，天下无可成之事""不为圣贤，便为禽兽；莫问收获，但问耕耘""天下古今之庸人，皆以一'惰'字致败""一处弛则百处懈"。《颜氏家训》倡立志教育："修身齐家，为学治世。"

立德遗子孙。朱熹《家训》曰："有德者虽年下于我，我必尊之；不肖者，虽年高于我，我必远之。"司马光《温公家范》曰："贤者居世，以德自显。"《林则徐家训》曰："贤而多财，则损其志；愚而多财，则增其过。"

训俭以示子。司马光《训俭示康》曰："由俭入奢易，由奢入俭难。"诸葛亮《诫子书》曰："静以修身、俭以养德。"朱柏庐《治家格言》曰："一粥一饭当思来处不易，半丝半缕恒念物力维艰。"

忠孝以立身。《林氏家训家规》亦强调忠孝："孝始于事亲，终于报国，移孝以作忠，即显亲以全孝，此为大孝""孝为立身大本。若不孝于亲则不能忠于国；必反为社会之蠹虫"。

督学以立本。《列女传·母仪》曰："孟子生有淑质，幼被慈母三迁之教。"《颜氏家训》曰："若能常保数百卷书，千载终不为小人""积财千万，不如薄伎在身。伎之易习而可贵者，无过读书也"。

"宗法"警后世。《包拯家训》载宗法："后世子孙仕宦，有犯赃滥者，不得放归本家；亡殁之后，不得葬于大茔之中。不从吾志，非吾子孙。仰珙刊石，竖于堂屋东壁，以诏后世。”

烹彘以立信。《韩非子》记载：曾子之妻之市，其子随之而泣。其母曰：“女还，顾反为女杀彘。”妻适市来，曾子欲捕彘杀之。妻止之：“特与婴儿戏耳。”曾子曰：“婴儿非与戏也。婴儿非有知也，听父母之教。今子欺之，是教子欺也。母欺子，子而不信其母，非所以成教也。”遂烹彘也。

（三）一体推进家庭、家教、家风建设

家庭是社会的细胞，家教是教育的关键环节，家风是社会风气的重要组成部分。家庭、家教、家风既有不同的定位和作用，又是相辅相成、紧密关联的一个整体。

家庭建设是一体推进家庭家教家风建设的基础场所，家教家风都需要在家庭之中涵养。习近平总书记强调：“无论时代如何变化，无论经济社会如何发展，对一个社会来说，家庭的生活依托都不可替代，家庭的社会功能都不可替代，家庭的文明作用都不可替代。”① 加强家庭建设要树立新时代家庭观，厚培爱家爱国情怀，坚持以社会主义核心价值观为统领，传递尊老爱幼、男女平等、夫妻和睦、勤俭持家、邻里团结的观念，倡导忠诚、责任、亲情、学习、公益的理念，构筑新时代向上向善家庭美德。家庭建设既要充分发挥不同家庭成员的独特作用，又要形成共担责任、共同劳动、不当甩手掌柜的建设格局，构建和谐融洽、相亲相爱、平等互助、温馨幸福、尊老爱幼的家庭关系。各级党委和政府以及妇联、共青团等相关群

① 《习近平关于注重家庭家教家风建设论述摘编》，中央文献出版社 2021 年版，第 3 页。

众团体要积极完善“五好家庭”“最美家庭”“廉洁家庭”建设工程，扩大家庭文明建设范围，将学校、企业一并纳入家庭文明建设事业之中，促使全社会形成家庭文明建设的浓厚氛围，形成共建共享家庭建设机制。

家教是一切教育的起点和基础，是塑造人、培养人必不可少的一环，是“扣好人生第一粒扣子”的关键。家教是将正确的家庭道德原则、规范传递传授给全部家庭成员，引导家庭成员的行为举止合乎道德规范。家教是家风形成的基础，是形塑家庭的关键途径。家庭教育作为学校教育和社会教育的桥梁，其功能和特点与学校教育和社会教育自然有所不同。学校教育的本质是知识教育，即文化、知识、技能的传递；社会教育的本质是实践教育，即纪律、规范、法律、法规的教导。家庭教育的本质则是道德品质、文化修养、行为习惯、身体素质、生活技能的养成，属于生活教育。道德源于生活。家教与生活息息相关，正是在家庭的日常活动中，引导家庭成员自觉遵守道德规范，为家庭成员养成良好品德创造良好条件。加强家教建设要以社会主义核心价值观为引导，加强父母及监护人员等教育主体的培训工作，转变家长家教理念，比如自身行为不端正、对孩子放任自流、过度重视应试教育等，提升家教源头质量，以良好的言传身教引导少年儿童树立正确的理想志向、行为规范。

家风又称“门风”，是家庭或家族世代相传的文化传承和精神风气，是一个家庭成员的价值准则。一方面，家风犹如家庭生态环境，对家庭成员起到潜移默化的作用，家庭成员的思想、性格、品性、行为等必然带有家风的特征与印记。可以说，有什么样的家风，就有什么样的人。我国素来有重视家风建设的传统，孟母三迁、陶母退鱼、岳母刺字、画荻教子等故事充分证明了良好的家风有助于塑造良好的家庭成长环境。另一方面，家风建设尤其是党员干部家风建设，关乎党风政风民风建设。家风是社会风气的重要基石，千万家风构成社会风气。家风好，家庭成员才能养成良好的行为习惯和处事方式，遵守社会规范和法律法规，形成良好的社会风气。党员干部的家风，历来都是家风建设的重点。党员干部特别是领导干部要以身作则、模范带头，自觉弘扬优良家风，管好配偶、子女和身边人，以好家风涵养好作风，以好作风带动好党风、好社风、好民风。

链　接

上海市家庭家教家风工作创新案例

书香润童心，相伴共成长，东明路街道妇联将“养育一个好孩子，需要一个好家庭，还要一个好社区”理念贯穿于日常工作中，让好家风好家教成为良好社会风气的基石。构筑全覆盖阵地，依托“宜居东明，人民社区”三年行动计划、上海市儿童友好社区创建，形成“1+3+38”社区“360 度”全民亲子阅读空间。建立专业性队伍，孵化本土社会组织——桃子妈妈青少年阅读服务中心，建立家校社联动机制，广泛宣传家庭教育及亲子阅读服务理念。推出多样化项目，坚持线上线下同步发力，形成“1+1+3”定期阅读活动项目，即每周 1 次亲子阅读、每月 1 次家长沙龙、每季 3 个主题 STEAM 幸福盒子探究活动。链接各方面资源，发挥群团优势，联合九三学社市委、浦东图书馆、团工委、工会、社会组织等将亲子阅读项目辐射社区更多家庭。

“最美”的家温润“最美”的情。黄浦区妇联结合区域特色和地域优势，发挥先进典型的榜样作用与辐射效应，打造接地气、聚人气、有实效的家庭文明实践品牌“黄浦区最美家文明联盟”，用家庭故事诠释文明城市，用家庭的“小气候”温润社会的“大生态”，努力营造“家文明、家志愿、好家风”彼此促进的循环格局。同步组建10个街道分联盟，实行区街联动、统筹管理、成员共享的合作机制。弘扬“家文明”、做实“家温暖”、推广“家公益”，培育引领新风尚、传播好家风的品牌项目，开展美家美站、美家美谈、美家美护、美家美娃等活动。通过短视频、沙画、动漫、情景剧等形式讲好黄浦家庭故事，走“新”与走“心”相结合增强传播效果。

家风收藏馆。四团镇家中心通过打造“家风收藏馆”，让好家训好家风在历史和现实的交错中，被更多人看到、听到、触摸到。构建看得见的家风文化，收藏馆内，有“海上最美家庭”、中国民间收藏家邵根才捐赠的许多藏品：具有年代感的报纸、勾起人心的家庭老物件、各种毛主席徽章……还有镇妇联开展的“颂党恩　传家风”寻找传家宝活动中征集的各类物品，让更多年轻人了解今昔对比，延续优良家风。讲述听得到的家风故事，通过常态化寻找“最美家庭”活动，挖掘四团酒乡“醉美家庭”，以“家风收藏馆”为主阵地，打造“醉美书场”，每周一次讲述“醉美家庭”故事，弘扬良好家风。形成触得到的家风体验，组建一支有着良好家风涵养的家庭志愿者队伍，定期在“家风收藏馆”开展“弘扬优秀家庭文化　共建幸福美好生活”主题实践活动，倡导向上向善向美的生活方式。

（资料来源：《上海市家庭家教家风工作十佳创新案例出炉》，“上海社工”微信公众号2022年8月2日）

家庭家教家风建设是一项系统工程，更是一项长期工程。一方面，要正确认识家庭、家教、家风建设之间的关系。家庭和睦，家教家风才有根基；家教良好，家庭家风才有未来；家风纯正，家庭才能久久相传。家庭成员要共同努力塑造新时代廉洁家庭，在代际相传过程中加强家庭教育，树立正确的家庭价值观，使之成为家庭中一以贯之的行为规范与价值准则。另一方面，家庭家教家风建设需要合力推进、久久为功，构建党委领导、部门联动、家庭尽责、社会参与的工作格局，才能更好弘扬良好家教家风，引领时代廉洁新风。

第七章

创新新时代廉洁教育

教育不仅本身具有鲜明的文化属性，还具有传承文化、传播文化、改造文化的重要功能，在促进文化普及和发展中具有不可替代的基础性作用。廉洁教育能够以学正风、以学铸魂、以学清源、以学固本，筑牢信仰之基、补足精神之钙、把稳思想之舵，在廉洁文化建设中发挥着举足轻重的作用。要着眼廉洁文化建设规律和要求，有效开发教育资源，不断创新教育模式，增强教育实效，更好发挥廉洁教育在新时代廉洁文化建设中的基础作用。

一、新时代廉洁教育的鲜明特点和更高要求

廉洁教育内容广泛，包括思想政治教育、纪法教育、廉洁道德教育、廉政警示教育等，既是培育党员干部廉洁从政、廉洁用权、廉洁修身、廉洁家风的基础性举措，预防和治理腐败现象的源头性工作，也是培育和弘扬崇廉拒腐社会风尚的重要途径和手段。习近平总书记强调："要加强反腐倡廉教育和廉政文化建设，督促领导干部坚定理想信念，保持共产党人的高尚品格和廉洁操守，提高拒腐防变能力，在全社会培育清正廉洁的价值理念，使清风正气得到弘扬。"①

（一）新时代廉洁教育的鲜明特点

新时代廉洁教育具有思想政治教育的一般特征，也有自身鲜明的特点。

一是政治性、方向性。廉洁教育首先是政治教育，必须以马克思主义为指导，全面贯彻习近平新时代中国特色社会主义思想，运用其中的世界观、方法论和立场观点。党员干部是廉洁教育的重点，廉洁教育在于引导广大党员干部坚定对马克思主义的信仰，坚定对社会主义和共产主义的信念，夯实共产党人安身立命的根本，增强共产党人精神上的"钙"；在于引导广大党员干部树立正确的世界观、人生观、价值观和权力观、事业观、义利观，强化宗旨意识，密切联系群众，弘扬党的优良作风，确立人民至上的价值观念；在于引导广大党员干

① 《十八大以来重要文献选编》（上），中央文献出版社2014年版，第135页。

部明大德、守公德、严私德，培育廉洁自律的道德观念，保持高尚的道德情操和健康的生活情趣，不断提高拒腐防变能力，将廉洁作为自己的生活方式。正如习近平总书记强调的："思想教育要突出重点，加强党性和道德教育，引导党员、干部坚定理想信念，坚守共产党人精神追求。"① 社会公众也是廉洁教育的对象，廉洁教育要将社会主义核心价值观有效传递给广大群众，引导群众增强"四个意识"、坚定"四个自信"，增强反腐败斗争胜利的信心，同时，教育群众将遵纪守法和崇德尚礼相结合，培育廉洁的社会土壤。

链　接

党的十八大以来开展的六次集中性学习教育

在全党开展集中性学习教育，是党推进自我革命的重要途径，也是一条重要经验。党的十八大以来，党中央先后组织开展六次集中性学习教育：党的群众路线教育实践活动；"三严三实"专题教育；"两学一做"学习教育；"不忘初心、牢记使命"主题教育；党史学习教育；学习贯彻习近平新时代中国特色社会主义思想主题教育。

廉洁教育是集中性学习教育的重要内容。如2015年开展的"三严三实"专题教育，强调各级领导干部既要严以修身、严以用权、严以律己，又谋事要实、创业要实、做人要实，集中彰显了对党员干部廉洁从政的要求。

2023年开展的学习贯彻习近平新时代中国特色社会主义思想主题教育，总要求是"学思想、强党性、重实践、建新功"。习近平总书

① 习近平：《在党的群众路线教育实践活动总结大会上的讲话》，《人民日报》2014年10月9日。

记强调，开展这次主题教育，根本任务是坚持学思用贯通、知信行统一，把新时代中国特色社会主义思想转化为坚定理想、锤炼党性和指导实践、推动工作的强大力量，使全党始终保持统一的思想、坚定的意志、协调的行动、强大的战斗力，努力在以学铸魂、以学增智、以学正风、以学促干方面取得实实在在的成效。要廉洁奉公树立新风，教育引导广大党员、干部增强纪律意识、规矩意识，持续纠治“四风”，把纠治形式主义、官僚主义摆在更加突出的位置，做到公正用权、依法用权、为民用权、廉洁用权，推动形成清清爽爽的同志关系、规规矩矩的上下级关系、亲清统一的新型政商关系，当好良好政治生态和社会风气的引领者、营造者、维护者。

二是长期性、艰巨性。新时代廉洁教育既有理论特色，又需立足反腐败斗争实践，这决定其具有长期性、艰巨性的特征。一方面，廉洁教育以教育为着力点，本身就是一项长期感化、潜移默化的工作，需要绵绵用力、久久为功。廉洁教育并非自然科学和人文科学的知识传授，也非专业技能的训练掌握，而是特定理念、思想、态度的传递和造就，是对理想信念、价值观念、道德修养的塑造，不是一阵子而是一辈子的事，需要常修常炼、常悟常进、常学常新。另一方面，反腐败斗争作为一场攻坚战、持久战，决定了廉洁教育的长期性和艰巨性。习近平总书记在二十届中央纪委二次全会上强调：“反腐败斗争形势依然严峻复杂，遏制增量、清除存量的任务依然艰巨。”① 形势决定任务。反腐败斗争是一项长期、艰巨、复杂的任务，又进入了向纵深发展的阶段，必须时刻保持忧患意识，前移反腐关口，深化源头治

① 习近平：《在学习贯彻习近平新时代中国特色社会主义思想主题教育工作会议上的讲话》，《求是》2023 年第 9 期。

理，不断加强廉洁教育正本清源、固本培元。

三是全体性、全面性。廉洁教育是一个对象全覆盖、内容全涵盖、责任全链条的教育过程。首先，廉洁教育对象全覆盖。要抓住领导干部这个“关键少数”，坚持高标准、严要求切实进行廉洁教育学习活动，以上率下，强化“头雁效应”，增强廉洁教育的针对性。重视领导干部家属子女廉洁教育，引导家属子女守好“廉洁门”，算好“清廉账”，做好“廉内助”，弘扬优良家风，严格家教家风，筑牢反腐倡廉的亲情防线。加强年轻党员干部廉洁教育，坚持抓早抓小、防微杜渐，教育年轻干部知敬畏、守底线，扣好廉洁从政的“第一粒扣子”，育好廉洁从政的“年轻之苗”。突出一般党员和社会公众的廉洁教育，落实每一位党员开展廉洁教育的责任与义务，在全社会开展廉洁教育，营造全党全社会风清气正的浓厚氛围。其次，廉洁教育内容全涵盖。廉洁教育的内容涵盖廉洁文化各项基本因素，包括以廉洁知识、廉洁准则、评价体系等为要点的认知教育，以全面从严治党重大原则、重大任务和历史性成就以及反腐败斗争严峻复杂性为核心的形势教育，以党章党规、党纪国法、业务规章为基本的纪法教育，以典型案例为基础的警示教育，以革命英雄、建设楷模和时代先锋事迹为重点的示范教育，等等。最后，廉洁教育责任全链条。从中央部委到基层党支部都要全面担负起廉洁教育的政治责任，将廉洁教育全面融入党风廉政建设和反腐败工作布局中。各级纪委要做好调研组织、统筹协调工作，各级组织部门要将廉洁教育纳入干部教育培训工作，各级宣传部门要加大宣传阐释力度，各级党校（行政学院）要肩负起教育内容和课程体系建设任务。

四是时代性、发展性。明者因时而变，智者随事而制。新时代有新任务、新时代有新征程、新时代有新元素，廉洁教育也面临诸多新情况与新要求。比如，廉洁文化直接针对的对象——腐败问题当前呈现出“三个交织”新特点：政治问题和经济问题交织、传统腐败和新型腐败交织以及腐败问题和不正之风交织，行业性、系统性、地域性腐败现象突出，腐败犯罪手段隐蔽性、复杂性增加，涉案金额不断攀升，领导干部亲属“寄生性”腐败犯罪层出不穷①。腐败行为在“更新换代”，廉洁教育也要“迭代升级”。时代性、发展性是新时代廉洁教育应有之义，需要突出教育重点，不断拓展内涵，改进方式方法，创新教育载体，使廉洁教育更贴近实际、更具实效。

五是科学性、实效性。廉洁教育并非为教育而教育，目的在于以学铸魂、以学正风、以学防腐、以学强廉，构建崇廉拒腐、风清气正的社会政治生态，推动实现干部清正、政府清廉、政治清明、社会清朗。为此，廉洁教育要遵循思想教育规律、文化建设规律、心理成长规律、党的建设规律，强调科学性，追求实效性。比如，要坚持以人为本，利用简洁化的手段、通俗化的符号、生活化的方式，利用现代互联网新媒体，建立现实生活、交往实践与廉洁教育的有机纽带，树立教育对象主体意识，提高教育对象的认同感和归属感，增强廉洁教育的亲和力和感染力。要紧紧锚定目标任务，坚持问题意识和问题导向，改变以往样板化、单一化的做法，实施分层分类教育模式，坚持因人而异，注重质量，提高实效，“精准滴灌”，确保入脑、入耳、入心。

（二）新时代廉洁教育的更高要求

廉洁教育具有导向、规范、激励、警醒等重要功能，在廉洁文化建设中发挥着基础性的作用。廉洁文化建设为廉洁教育提出了新的更

---

① 《最高检“做优新时代刑事检察”新闻发布会》，中国检察网 2023 年 2 月 15 日。

高要求，廉洁教育必须适应时代要求，不断探索创新、推陈出新，迭代升级，更好发挥自身作用。

第一，更好发挥“营养剂”的作用。廉洁教育是党员干部的营养剂，在廉洁文化建设中也发挥着“营养剂”的重要作用，不断为廉洁文化输送蛋白质、维生素等生命元素。[①] 一方面，要运用好廉洁教育，促使党员干部增加廉洁认知，加强党性修养，陶冶道德情操，树立正确的从政观、用权观、修身观和齐家观，永葆共产党人政治本色；另一方面，要运用好廉洁教育，修正党员干部和社会公众的错误倾向，牢记艰苦奋斗，认清风险挑战，时常检查自身言行，免疫私心杂念和歪风邪气的侵蚀，进而练就清廉的金刚不坏之身，推动廉洁成为广大党员、干部、群众的无意识活动和日常生活方式。

第二，更好发挥“催化剂”的作用。催化剂是一种能够改变一个化学反应的速度，本身却不被明显地消耗的化学物质。廉洁文化的核心是价值观和信仰，廉洁教育在价值观和信仰建设中发挥着“催化”的重要作用，廉洁教育本身却始终活力四射。“夫所谓信仰者，必先之以知识，知之而后信之。”[②] 廉洁教育是强化党员干部认识、感知廉洁和腐败的过程，要通过廉洁教育，使党员干部对廉洁行为、廉洁道德、廉洁价值等建构起系统的知识体系，对反腐败斗争的严峻性、复杂性，反腐败斗争的长期性、艰巨性有全面的理解和深度的认知。在廉洁教育过程中，理想信念、初心使命是贯穿其中的主线，是激励党员干部廉洁从政的根本动力，也是促进群众形成廉洁理念的重要因素。廉洁知识和理想信念作为廉洁教育一体两面的核心内容，其目的在于

---

① 习近平：《之江新语》，浙江人民出版社 2007 年版，第 136 页。

② 《毛泽东早期文稿（一九一二年六月——一九二〇年十一月）》，湖南人民出版社 2008 年版，第 201 页。

使党员、干部、群众培育廉洁情感，树立廉洁价值，形成廉洁心理，激发廉洁动机，使廉洁观念内化于心、廉洁人格外化于行，将廉洁自觉地运用到实践活动当中，从思想层面形成“不想腐”的自觉防线。

第三，更好发挥“净化剂”的作用。教育能够涤浊荡污，对不良社会风气和不良政治生态起到净化作用，为廉洁文化建设培育坚实土壤。“政治生态好，人心就顺、正气就足；政治生态不好，就会人心涣散、弊病丛生。”① 健康洁净的政治生态关乎人心向背，关乎事业兴衰，关乎国家和民族的前途命运。廉洁教育有助于消除歪风习气，纠正“四风”问题，破除潜规陋习，纠治顽瘴痼疾，铲除腐败“污染源”，将不正之风扼杀在摇篮之中。廉洁教育有助于“立”清风正气，使党员干部厚植为民服务、忠诚老实、公道正派、实事求是、清正廉洁、勤俭节约、不尚浮华的作风，以良好的思想建设涵养风清气正的政治生态。廉洁教育有助于“守”清正廉洁，将作风建设和思想建设相结合，筑牢党员干部的价值追求和共同意志，促使党员干部始终保持高度的自觉，任何时候都要稳得住心神、管得住行为、守得住清白。概而言之，要更好地通过廉洁教育，在思想源头上构建风清气正的政治生态“土壤”。

链　接

明太祖朱元璋的廉洁教育

廉洁教育在我国吏治史上具有重要地位，我国历史上的廉洁教育特色鲜明，为我们留下了宝贵的历史经验。

① 《习近平在第十八届中央纪律检查委员会第六次全体会议上的讲话》，《人民日报》2016 年 5 月 3 日。

朱元璋是乞丐出身的开国皇帝，知道开创基业不容易，守江山更难。他对贪污腐败极为痛恨，毫不手软，甚至使出了地方官员贪污六十两以上就“剥皮实草”这样的极端手段。但他也刚柔相济，重视廉洁教育。委任的官员上任前，他都要亲自谈话，告诫他们要廉洁奉公，如府、州、县的官员赴任前，朱元璋会专门请他们吃饭，每个人还给十两银子、六匹布，告诉他们这是用来“养廉”的。他还时不时抓住机会搞点生动活泼的廉洁教育，提高大臣们拒腐防变的意识。

一次，马皇后过生日，群臣都来朝贺。宴席开始后，第一道菜是萝卜。朱元璋举起筷子夹了一块萝卜放到嘴里说道：“萝卜进了城，药铺关了门，萝卜进了口，百病都赶走。”大臣们看到皇帝都吃了，赶紧跟着拿起筷子。第二道、第三道菜分别是韭菜和青菜。朱元璋说：“碗中菜儿青又青，长治久安得人心，群臣吃了这道菜，明朝天下得太平！”说完又带头吃了起来。第四道菜是碗葱花豆腐汤。朱元璋说道：“葱花豆腐青又白，一清二白过日月，两袖清风勤廉政，大明江山千秋业。”朱元璋连着喝了三碗汤，然后说道：“今天的宴席到此结束，希望大家能记住这一次宴席。”朱元璋当众宣布：今后众卿请客，最多只能像今天一样“四菜一汤”，谁若违反，严惩不贷。百官诚惶诚恐，不敢再大吃大喝。

于是，一个歌谣传开了：皇帝请客，四菜一汤，萝卜韭菜，着实甜香；小葱豆腐，意义深长；一清二白，贪官心慌。

第四，更好发挥“融合剂”的作用。习近平总书记强调：“团结就是力量，团结才能胜利。全面建设社会主义现代化国家，必须充分发挥亿万人民的创造伟力。”[①] 廉洁教育、廉洁文化具有促进党内团

① 《习近平著作选读》第 1 卷，人民出版社 2023 年版，第 57 页。

结、社会团结的“融合剂”作用，试想，腐败横行、戾气严重的社会，怎么可能会团结一心？团结离不开廉洁，离不开廉洁教育。要通过廉洁教育，推动党员干部深刻理解“四个任重道远”（防范形形色色的利益集团成伙作势、“围猎”腐蚀还任重道远；有效应对腐败手段隐形变异、翻新升级还任重道远；彻底铲除腐败滋生土壤、实现海晏河清还任重道远；清理系统性腐败、化解风险隐患还任重道远）的科学判断，在大是大非面前坚持原则，敢于同一切损害党的先进性和纯洁性的因素作斗争，增强廉洁从政的政治定力、怀德自重的抵腐能力，从思想源头受警醒、明底线、知敬畏，进而以风清气正、求真务实的良好风气赢得人民群众的衷心拥护，厚植党的执政基础，凝聚起推动国家发展进步的磅礴力量。

二、有效开发利用廉洁文化资源

推进廉洁文化建设，强化廉洁教育，离不开廉洁文化资源的开发利用。如何使廉洁文化资源面向新时代，如何使廉洁文化资源有效转化为廉洁教育资源，是必须认真思考和解决的问题。开发利用廉洁文化资源，要以人民为中心，强化开发队伍建设，打造资源开发平台，推动文化资源实现创造性转化、创新性发展，做好新时代廉洁教育文化资源开发利用的深度和广度。

（一）把握廉洁文化资源开发利用原则

廉洁教育文化资源要实现科学合理、优质有效的开发利用，必须遵循科学的资源开发理念，因地制宜、因人制宜，贴近生活、贴近群众。

秉持以人为本的理念。人民群众是廉洁文化资源的主体，要尊重并发扬人民群众的首创精神，充分调动人民群众的积极性、主动性和创造性，塑造良好的文化资源开发氛围，增强全体人民的廉洁文化资源开发意识，形成全民参与、全民创造、全民开发的生动局面，推动廉洁文化资源开发利用扎实深入。教育是培养人的活动，其本质就是以人为本，传道授业，塑造灵魂。要紧紧围绕人民群众的廉洁教育需求，着眼于廉洁教育的目标靶向，避免廉洁文化资源开发陷入误区，掉进盲目性、无效化的泥潭。需要指出的是，廉洁文化资源开发利用也要处理好人与自然之间的关系，充分考虑廉洁文化资源开发利用中自然环境和教育需求之间的关系，建立人与自然和谐共生、开发力度和自然发展相统一、教育效益和环境效益相统一的良性开发格局。

坚持继承与创新相统一。蕴含在中华优秀传统文化、革命文化和社会主义先进文化之中的廉洁文化，是党的精神谱系、中华民族文化体系的重要部分，更是新时代廉洁文化资源开发利用的根基与土壤。如若没有继承和传承，就等于割断了自己的文化基因，丧失了自己的精神品质，廉洁文化资源开发就是无根之木、无源之水，将会陷入僵化，失去生机活力。因此，廉洁文化资源开发利用必须遵循继承和传承的原则。正如习近平总书记强调的："不忘本来才能开辟未来，善于继承才能更好创新。"① 同时，要立足现实、推陈出新，创新性转化廉洁文化资源。习近平总书记指出，要"努力实现传统文化的创造性转化、创新性发展，使之与现实文化相融相通，共同服务以文化人的时代任务"②。廉洁文化资源开发利用要面向时代，创新廉洁文化资源的内涵与形式，对其中不符合时代的概念、话语加以改造，赋予时代

① 《把培育和弘扬社会主义核心价值观作为凝魂聚气强基固本的基础工程》，《人民日报》2014 年 2 月 26 日。

② 《习近平著作选读》第 1 卷，人民出版社 2023 年版，第 281 页。

气息的新内涵，使之与新时代廉洁教育、廉洁文化建设以及反腐败斗争实践相适应。

坚持因地制宜、因人制宜。因文化传承、资源禀赋的不同，各地的廉洁文化资源也各有特色。要充分依托各地独具特色的廉洁文化资源，以符合当地人民群众的生活习惯、语言方式等进行开发利用，有针对性地组合、配置廉洁文化资源，切莫简单累加和机械重复，应打造廉洁文化特色品牌，提高廉洁文化资源转化效益，增强廉洁教育的灵活性和多样性。

链 接

因地制宜讲述广东廉洁故事

广东深入挖掘岭南文化、红色文化中的廉洁元素，讲好新时代广东廉洁故事。

广东将新会陈皮这一非物质文化遗产的文化味融入廉洁宣传教育中，制作公益广告《阳光是最好的防腐剂》。从粤剧、珠三角龙舟、客家围屋、广州骑楼、佛山舞狮、新会陈皮等本土非遗文化和民风民俗中挖掘廉洁元素，制作10期廉润南粤系列公益广告，在广东卫视、机场、地铁、户外广告屏等展播。以24位为岭南经济社会发展和岭南文脉传承作出重要贡献、百姓传颂至今的广东清官廉吏故事为题材，编写发行《廉润南粤》读本；系统梳理革命先辈在广东的43个红色故事，拍摄10个“勤廉风范”微视频。

深圳将发扬特区精神和加强廉洁文化建设贯通起来，把深圳改革开放展览馆、蛇口改革开放博物馆等打造为廉洁教育基地。潮州充分挖掘广济桥、广济楼、牌坊街等历史文物和非遗文化蕴含的廉洁元素，打造“廉通古今桥”等廉洁文化阵地，让游客零距离感受“潮”文化、“廉”元素。肇庆以包公在肇庆为官故事为素材编排音乐剧《青天之端》。中山根据革命烈士杨殷事迹打造音乐剧《殷红木棉》。广东省话剧院以“核潜艇之父”、“共和国勋章”获得者黄旭华为原型创作话剧《深海》。

（资料来源：《广东：挖掘本土廉洁元素　推进新时代廉洁文化建设》，中央纪委国家监委网站2023年1月15日）

（二）加强开发主体培育

廉洁文化资源开发主体状况如何，直接影响着资源开发和廉洁教育的效果，他们对于廉洁文化资源开发性质的把握、开发方式的运用以及开发程度的认识，在廉洁文化资源开发过程中具有引领性的作用。廉洁文化资源开发主体的形式可分为个体主体和群体主体两个层面。加强廉洁文化资源开发要强化开发主体的能力建设，充分发挥不同主体的优势，形成互联互通互补的开发网络。

一方面，要发挥个体对廉洁文化资源开发的直接导向作用。党员、干部、教师、文艺工作者等个体是廉洁文化资源的直接开发者。开发个体因岗位、职责、需求等不尽相同，对廉洁文化资源的开发利用也呈现出自主性、灵活性、多面向等特征。比如，司法人员往往偏向司法及律法廉洁资源的发掘；艺术工作者则注重对红色遗址、廉洁文艺的开发利用等。开发个体的多样性选择使廉洁文化资源得到较为全面的开发，是搭建廉洁文化体系、挖掘廉洁教育内容的重要前提。个体之间的知识储备、认知水平、应用能力等具有差异性，对廉洁文化资源的认识和利用程度也有差异。因此，重视并培育开发主体是挖掘廉洁文化资源的重要任务。要培育个体的开发意识，增强科学认知，增进情感认同，形成良好的廉洁文化资源开发氛围；提高个体的发掘能力，加强资源辨识能力，强化资源整合能力，形成自觉的实践运用能力。

另一方面，廉洁文化资源具有复杂性，其开发往往具有综合性，要注重多元主体间的共同参与、协调配合，形成群体合力。建构联动机制，增强开发合力就显得尤为关键。首先，要明确不同主体的职责。党和国家是廉洁文化资源开发的主导力量，不仅是廉洁文化资源开发的推动者，而且肩负着监督监管责任。高校及相关教育部门是廉洁文化资源开发的重要主体，承担着科学研究廉洁文化资源任务，特别是如何将文化资源转化为教育资源的重要任务。社会力量在资金、管理、创新等方面具有不可替代的重要作用。其次，要建立层级式开发体系，即从宏观到微观的递进式资源开发模式。作为宏观层面的党和国家需要加强政策制定、资金扶持，培育优良的廉洁文化资源开发环境；中观层面则要加强市场引导，创新管理机制，提升文化服务质量；微观层面的个体及组织机构要根据实际情况，深度发掘廉洁文化资源，有针对性地进行资源利用和整合，有重点地进行廉洁文化建设。最后，要建立和完善统筹协调、同频共振的开发阵地，形成以廉洁文化资源为核心，各主体既为开发中心又互为帮手的交叉式资源开发模式。

链　接

贵州瓮安：以人才支撑廉洁文化资源开发

贵州省黔南布依族苗族自治州瓮安县积极探索建立廉洁文化人才库，充分发挥专业人才的特长，把廉洁文化建设融入各行各业，推动廉政教育取得实实在在的效果。

瓮安县在建立廉洁文化人才库时，积极挖掘具有书法、摄影、音乐、戏曲等方面专业特长且热心廉政文化创作的人员，明确专人对人才库进行动态更新和管理。截至 2021 年，瓮安廉洁文化人才库已有 124 名具有各方面专长的人员。

瓮安县坚持具有专业特长的党员领导干部优先，在乡土文化人才、律师、“五老”人员、退休文化工作者、先进人物、文艺志愿者、大学生志愿者、创业返乡人员等群众中挖掘优秀人才。在挖掘和培育廉洁文化人才过程中，坚持“横向交流”与“纵向沟通”相结合，首先与宣传、组织等部门深入交流探索建立廉洁文化人才库相关事宜，争取支持与协助；其次是在通知下发后，对 13 个乡镇（街道）、78 个部门在挖掘人才过程中存在的困难和问题进行及时沟通疏导，力争挖掘出来的人员在廉洁文化宣传方面发挥效用。

（资料来源：《瓮安：建立人才库　助推廉洁文化建设》，中共黔南州纪委监委网站 2021 年 12 月 22 日）

（三）丰富廉洁文化载体和平台

文化载体作为承载文化的媒介与工具，是文化形成与传播的重要手段。廉洁文化资源的开发利用需要丰富廉洁文化载体，拓展廉洁文化传承通道，使无形的廉洁文化转化为可感可见的廉洁教育资源。

打造实践教育平台。实践是人们形成廉洁认识的重要来源途径。要依托本土红色资源，以革命故土、历史遗迹、英烈事迹、廉洁家风为主题，打造廉洁文化教育基地，针对性开展示范教育、警示教育，增强廉洁文化资源的吸引力和感染力，为廉洁教育提供良好的示范平台。广泛开展形式多样的廉洁文化活动，如读红色书籍、唱革命歌曲、诵革命诗词、记红色格言、看红色影片等，让大众文化活动成为廉洁文化资源的承载体。

强化信息载体建设。新媒体技术为廉洁文化资源，尤其是物质类文化资源提供了新的保护、传承和传播平台。通过新媒体技术，廉洁文化资源将以数字图像、虚拟现实的方式进行呈现。廉洁文化资源通过互联网进行记录、编制、管理和再现，既能够有效传承廉洁文化资源，达到保护廉洁文化资源的目的，又能够打破时空限制，更好地实现廉洁文化资源的传播，实现廉洁文化资源开发目的。

营造良好的廉洁文化氛围。廉洁文化氛围建设是廉洁文化资源载体建设的灵魂。要坚持弘扬廉洁文化风尚，营造良好的廉洁从政氛围、廉洁育人氛围、廉洁舆论氛围，使廉洁文化资源开发利用始终保持高昂的热情和浓厚的激情。

链　接

广东惠州打造特色廉洁文化教育地图

“作为一名基层党员干部，应该做到廉洁自律，多为群众办好事办实事。”参观完东江廉洁文化教育基地后，博罗县长宁镇一位社区党总支部书记、居委会主任感触道。

2023 年 2 月 23 日，惠州首个以“廉洁”为主题的大型教育基地——东江廉洁文化教育基地正式开馆。馆室内布展面积约 8000 平方米，内含“廉洁之问”“廉洁之源”“廉洁之治”“廉洁之戒”“廉洁之育”“廉洁之道”6 个展厅；户外“莲苑”占地约 1.2 万多平方米，是结合罗浮山中医药文化与廉洁文化而打造的主题公园。该馆还设计了适合不同群体的两条参观路线，可分别满足党员干部和社会观众等不同团体的参观需求，是惠州传播清廉知识、弘扬清廉文化、启迪清廉思想的重要阵地。

开馆以来仅两个月，东江廉洁文化教育基地已接待中央、省、市等各类团队 171 批次，共计 5700 余人次。可观可感的立体式廉洁文化教育基地，正在成为惠州乃至广东党员干部加强党性修养、接受廉政教育、筑牢思想防线的重要阵地。

近年来，为深入推进新时代廉洁文化建设，惠州统筹全市廉洁文化阵地建设，依托各县（区）爱国主义教育基地、历史人文古迹、革命遗址遗迹等，将廉洁文化建设与本地红色革命文化、优秀传统文化和乡风民俗等相结合，运用文物古迹、圣人先贤、文化经典中的廉洁思想，丰富全市廉洁文化内涵，因地制宜打造特色廉洁文化教育地图，把廉洁教育阵地建在群众身边，让廉洁文化近在咫尺、润物无声。

东江廉洁文化教育基地、市反腐倡廉警示教育基地、叶挺将军纪念园、高潭革命老区、墨园村、东江纵队纪念馆、低冚红色文化村……一个个廉洁文化教育阵地分布惠州 7 个县（区），“串珠成链”绘就成一张廉洁文化教育“地图”，成为全市党员干部和广东群众开展廉洁文化教育的“打卡地”。

（资料来源：《惠州用好用活“廉文化”，做深做实“廉文章”》，《南方日报》2023 年 4 月 28 日）

（四）深化廉洁教育内容体系建设

中华文化底蕴深厚，廉洁文化源远流长，中华优秀传统文化、革命文化、社会主义先进文化以及各地方文化中均蕴藏着丰富的廉洁文化资源。廉洁文化资源开发利用要深入挖掘，深化廉洁文化资源思想内涵和精神价值研究，将廉洁文化资源转化为廉洁教育的鲜活素材，夯实廉洁教育的基石。

挖掘整理廉洁文化资源，深化廉洁文化资源宝库建设。中华文明历史悠久，留下了浩如烟海的文本资料、人物故事和文化遗址，丰富的廉洁文化资源蕴含其中。这些廉洁文化资源是中华民族宝贵的精神财富，是新时期加强廉洁文化建设，推动廉洁教育发展的生动素材。要全面爬梳、系统整理廉洁文化资源，加强廉洁文化资源保护，形成具有地方特色的廉洁文化资源库，为新时代廉洁文化建设与廉洁教育发展提供源源不断的素材。

强化内涵研究，完善廉洁文化理论体系。廉洁文化资源的开发利用不能仅停留在统计数量、登记造册层面，必须构建廉洁文化理论体系，加强廉洁文化资源研究，提高廉洁文化资源开发利用的理论水平。依托高校和科研院所，开展廉洁文化资源课题研究，举办廉洁文化资源开发利用研讨活动，提炼中华优秀传统文化、革命文化、社会主义先进文化资源中的廉洁精髓，深度挖掘整理百年党史中的廉洁信仰元素，夯实廉洁教育“红色根基”。要注重体现时代特征，不断赋予廉洁文化资源新的内涵和意义。

加强廉洁文化资源“转译”工作，赋予其时代特色。廉洁文化资源及其理论研究成果往往是历史的、抽象的、理论的，显得有些枯燥乏味。要以通俗易懂、喜闻乐见的形式包装、转化廉洁文化资源及其理论研究成果，使廉洁文化资源贴近生活、贴近群众，进而实现廉洁文化资源向廉洁教育资源的转化。比如，修缮一批廉洁文化遗址、讲述一串廉洁人物事迹、制作一些廉洁文艺作品，实现寓教于游、寓教于乐、寓教于简；推动廉洁文化资源进机关、进企业、进学校、进社区、进家庭、进农村，举办有针对性的群众性廉洁文化活动，营造浓厚的廉洁教育氛围，使廉洁文化资源发挥润物细无声的教育作用。

链　接

杭州打造廉洁文化资源库

2019 年，杭州市组成联合工作专班，深入挖掘、培育和整理杭州全市的中华优秀传统文化、革命文化和社会主义先进文化中的廉洁元素，经过一年多的筹备，推出了“线下”书籍版和“线上”网络版两种廉洁文化资源库。

书籍版以《“清气满钱塘”杭州市清廉文化资源汇编》为核心。该书共上、下两册，分为“千载湖山留正气”“一片丹心昭日月”“百态云云颂清风”三个篇章。该书展示了杭州市80余家清廉文化阵地精品点，重点介绍了首批23家市级清廉文化示范点；收录了60余位奠定杭州怀仁怀德精神的清官廉吏，如“西湖三杰”岳飞、于谦、张苍水及白居易、范仲淹、苏东坡、周新、海瑞等；涵盖了五届“清廉杭州　你我同行”廉政文化微作品征集评选活动、“玉琮杯”和“钱潮杯”两大全国性清廉文化赛事中的一批微电影、微视频、漫画平面等获奖作品。书籍版还有《西湖名人家风故事》《杭州清官史话》《杭州清廉文化精品阵地手绘地图》等一批具有杭州鲜明辨识度的“小莲清风”系列清廉文化产品。书籍版所呈现的廉洁文化资源思想内涵丰富、作品种类多样、时代气息浓厚，使杭州廉洁文化资源焕发新的生机。

网络版为“杭州市清廉文化资源库”，内容更加丰富，阅读更加便捷。不仅包括《“清气满钱塘”杭州市清廉文化资源汇编》全部内容，而且以图文、视频、音频等多种形式解读了杭州各地廉洁阵地、历史名人、文化作品的概况，为社会各界提供了一份翔实且便捷的“清廉文化共享菜单”。网络版资源库还介绍了杭州市廉洁文化建设的方针原则，廉洁文化资源发掘利用的方式方法及效果，将社会各界的发掘利用经验及时宣传推广。

杭州市廉洁文化资源库盘活了全市廉洁景点、人物、作品及人才资源，以“线上+线下”模式丰富了廉洁文化供给，提供了廉洁文化“共享菜单”，为廉洁教育提供了多样且全面的内容支撑。

（资料来源：《杭州首推清廉文化“共享菜单”》，浙江省纪委省监委网站2021年1月7日）

三、以文化艺术活化廉洁教育

以文化人，更能凝结心灵；以艺通心，更易沟通世界。文学艺术是人类文化传承的载体，是人类思想的表达，更是廉洁教育创新发展的重要形式。习近平总书记强调：“要用好红色资源，传承好红色基因，把红色江山世世代代传下去。”[①] 新时代廉洁教育需要结合文化艺术独特优势，发挥培根铸魂的核心功能，以丰富的廉洁主题文艺精品为廉洁教育注入强大动力。

（一）文化艺术是廉洁教育入脑入心的有效方式

艺术可感，育人无形。文化艺术与廉洁教育本质上都是为了促进人的发展，培育健康向上的价值观念和良好的人格品质。以人民群众喜闻乐见的廉洁文艺精品将廉洁教育艺术化、形象化，是廉洁教育落地生根的重要举措。

文化艺术是特殊的道德培育方式。在中华传统文化中，“礼乐”思想就是以礼教规范行为，以乐教陶冶情操，旨在培养良好的道德品质。文学艺术通过对美的事物赏析，产生情感上的共鸣，不仅能够提升人的审美素养，而且能够净化心灵、修养身心、塑造德行，在立德树人、涵养情操方面具有独特的作用。正如习近平总书记指出的：

---

① 习近平：《用好红色资源　传承好红色基因　把红色江山世世代代传下去》，《求是》2021年第10期。

“追求真善美是文艺的永恒价值。艺术的最高境界就是让人动心，让人们的灵魂经受洗礼，让人们发现自然的美、生活的美、心灵的美。”① 廉洁教育的目的在于弘扬清正廉洁的价值理念，引导党员、干部和人民群众树立正确的人生观、价值观和世界观，提升人民群众的廉洁正直道德素质，培养忠诚老实的行为规范。由此可见，文化艺术与廉洁教育在培育良好的价值观念和道德品质层面具有高度一致性。

文化艺术融入廉洁教育能够赋予廉洁教育独特的内涵。文化艺术的魅力在于精神内容，在于对真善美的追求。相较于单纯的理论说教，文化艺术将美的形象、美的事物、美的理念融入教育过程，以情育人，寓教于美，在潜移默化中加深人民群众对清正廉洁的向往与热爱。文化艺术为廉洁教育提供了多样化的形式，赋予廉洁教育美的形式，拓宽了廉洁教育传播途径，增强了廉洁教育的吸引力、感染力和传播力。文化艺术有助于感染心灵，使廉洁观念深入内心，使人形成对廉洁、腐败的价值判断，并用以评判自身的行为举止，进而在心理认同的基础上，自觉主动树立廉洁目标，做到行为举止廉洁。

（二）推动文化艺术融入廉洁教育建设格局

以文化人，以文育人。廉洁教育艺术化是廉洁教育顺应时代发展要求，结合人民群众美好生活需要的有效方法途径，有助于加强和优化廉洁教育环境的感染力和影响力，有效推进廉洁教育在全社会范围内的广泛推广。

创建联动机制，保障协同育人。以文化艺术活化廉洁教育，促进

① 《习近平在文艺工作座谈会上的讲话》，《人民日报》2015 年 10 月 15 日。

两者优势互补，需要建立多方面的配合机制。一方面，各级党委要协同文联部门、教育部门、宣传部门、妇联部门，进行系统谋划、一体落实，建立统筹协调机制，为廉洁教育艺术化提供强有力的组织力量保障。另一方面，要推动廉洁教育艺术化融入学校家庭社会三方协调教育机制，整合各方教育资源，完善廉洁教育艺术化信息共享平台，提高廉洁教育艺术化的质量和效益，实现全面的廉洁教育艺术化环境。

发挥文化艺术多样性特征，丰富廉洁教育的手段方式，打造多层次的廉洁教育体系。针对不同群体廉洁教育需要和目的，把握不同群体的思维方式和思想特点，以多样化的文学艺术作品，以不同主旨主题的文艺作品，搭建个性化的廉洁教育艺术化平台，创建各具特点的廉洁教育模式。文化艺术教育重在潜移默化，不同于硬性灌输价值观念的教育方式，推动廉洁教育生活化才能更好发挥文化艺术的作用。以文化艺术活化廉洁教育，就要以人民群众的日常生活为目标，将廉洁主题文艺作品融入人民生活，通过人与人的交流、人与文艺的交流，提升廉洁教育的人文性，实现廉洁教育大众化。

以创作传承创新廉洁教育形式。坚持显性教育和隐性教育相统一，发挥文化艺术的廉洁教育功能，激发人民群众廉洁主题文艺作品创作潜力，推动人民群众开展多样化的文化创造和文化传承活动，将隐性的廉洁教育融入显性的文艺作品创作创新，以教育形式文艺化实现廉洁知识与理念的透彻教育。

链　接

以文艺让廉洁教育“活”起来

江苏大剧院紧扣表演艺术机构特质，打造融“听、看、演、思、悟、行”于一体的廉洁教育系列活动，成为党员干部廉洁教育艺术课堂，营造了风清气正的廉洁氛围。

江苏大剧院创新廉政教育基地呈现方式，组织百年征程红色剧目展演，开展百部红色电影展映，策划百余幅版画作品展览，通过一场场演出、一部部电影、一个个展览让廉洁教育“活”起来，引领观众重温峥嵘岁月、感悟初心使命、接受精神洗礼。廉洁主题壁画、廉洁主题故事、清廉公益宣传片……全媒体、多形态、多角度传播让江苏大剧院成为“流动”的廉洁教育课堂。

江苏大剧院围绕国家战略规划和江苏省文投集团大运河主业布局，在大运河廉文化上做文章，策划《戏里戏外——大运河沿线的清官贤吏展》，遴选大运河沿线江苏段城市20位在江苏出生或履职的清官贤吏事迹，以图文和视频方式展出，通过昆曲《十五贯》、淮剧《李毓昌之死》、晋剧《于成龙》、京剧《海瑞罢官》等11个剧种25部戏剧作品传颂先贤风骨节气，展示了一幅大运河廉画卷。

江苏大剧院打造符合大众需求的廉文化产品和服务项目，增强廉文化引领力、渗透力。策划推出的“永远跟党走就是幸福路”艺术党课，聚焦百年来中国共产党光辉奋斗历程，结合江苏地域特点，选取党史中各时期代表人物和历史事件，将其搬上舞台。通过诗意讲述、情景再现、纪实视频、观众互动及声光影视等手段，诠释厚重历史，向信仰致敬。“浸入式”演出让演员和观众沉浸其中，深受感染，起到了润物无声的教育效果。

（资料来源：《江苏大剧院：打造廉洁教育艺术课堂》，中共江苏省纪委监委网站2022年2月12日）

（三）因地制宜推动廉洁文化主题艺术创作

廉洁文艺作品是廉洁教育的重要支撑，群众喜闻乐见。以文化艺术活化廉洁教育，要坚持廉洁理念指引，立足特色廉洁文化教育资源，因地制宜，不断创作出人民群众喜爱的廉洁文化作品。

坚持廉洁文化理念的指引和导向。廉洁文艺作品是一种特殊的文艺作品，蕴含文化艺术的信息，但更重要的是要传递廉洁文化理念。文艺创作者自身需要具有廉洁文化理念，在思想层面重视廉洁文化建设，秉持艺术创作和廉洁教育相统一的原则，在文化艺术创作过程中自觉融入廉洁文化因子，以优秀文艺作品满足廉洁文化建设、廉洁教育发展需求。

夯实廉洁文化主题艺术作品的内容基础。廉洁文化主题艺术作品要在廉洁教育资源基础上进行多样化、个性化的创作。一方面，要深度挖掘中华优秀传统文化、革命文化、社会主义先进文化中的廉洁文化资源，推动文化艺术和廉洁教育高质量融合，创作不同时期、不同故事的廉洁文化主题文艺作品。另一方面，要组建一支包括文化艺术工作者、教育工作者等为主体的创作团队，发挥不同主体对挖掘廉洁教育资源的作用，提升文艺创作基本内容的全面性，确保文艺创作符合廉洁教育的建设需求。

丰富文化创作形式，拓宽文化创作传播渠道。文艺创作的形式多种多样，包括歌曲、诗词、舞蹈、戏剧、绘画、书法、相声、剪纸、微电影等。要不断丰富廉洁文艺作品和服务供给，构建覆盖广泛、种类多样的廉洁文化主题艺术作品体系，把握好文艺创作质量与数量的关系。重点搞好精品创作工作，坚持思想精深、艺术精湛、制作精良相统一，不断推出普及廉洁知识、弘扬廉洁风尚、传递廉洁理念的廉洁教育主题文艺精品。广泛运用微信、微博、抖音等新媒体，扩大廉洁文化主题文艺创作的传播范围，提升廉洁文化主题文艺创作的辐射面和渗透力。

链　接

廉洁文艺，以艺建廉

浙江省衢州市坚持市县联动，助力挖掘赵抃、樊莹、杨炯等历史名人中的清廉元素及资源，不断丰富清廉文化内涵，打响“清廉衢州”文化品牌。例如，常山作协组织会员为樊莹廉政文化馆收集历史典故小故事30多篇、樊莹相关廉政文化诗词60首；衢江区文联发掘杨炯清廉文化，组织区作协会员整理汇编《杨炯故事》《杨炯诗词》并出版发行，作为衢江区高家小学拓展课程教科书。

衢州市积极引导广大文艺工作者创作集思想性、艺术性于一体的文艺精品，唱响清廉衢州“好声音”。近年来，各协会会员以书法、漫画、曲艺、戏剧、歌曲等多种文艺形式，创作推出了一批清廉文化题材作品。如市戏剧家协会创作完成大型廉政婺剧《铁面御史赵抃》，在全市各县（市、区）巡回演出21场次，进一步弘扬了“以清为美、以廉为荣”的价值取向。市美术家协会在柯城区沙湾村举办农民廉政漫画、连环画培训班，指导农民利用农忙空闲进行创作，经过近一年的学习，学员们创作了一大批形象生动的作品，举办了首次农民画乡村廉政警示漫画展，创办了全国首份农民廉政主题画报。市文联还将举办“南孔杯”全国廉洁文学创作大赛、开展“漫画说廉”“论语中的清廉”等活动。

（资料来源：《“艺”心向党　笃信力行　扎实推进“清风文联”建设》，“衢州文艺”微信公众号2023年1月6日）

四、运用新媒体推进廉洁教育

互联网已成为社会大众特别是中青年获取信息、娱乐休闲最重要的途径，也已成为廉洁教育的重要平台和有效载体。习近平总书记指出："要运用新媒体新技术使工作活起来，推动思想政治工作传统优势同信息技术高度融合，增强时代感和吸引力。"[①] 新时代廉洁文化建设特别是廉洁教育，要用好互联网新媒体，搭建系统的新媒体领域廉洁教育体系，加强新媒体监督管理引导，推动廉洁教育广泛覆盖、有效覆盖。

（一）运用新媒体开展廉洁教育是时代发展的要求

廉洁教育实际上是教育者与受教者之间的廉洁教育信息传播活动，媒介则是廉洁教育信息传播的关键途径。随着新媒体技术的快速发展，数字化、智能化、多样化的新媒体已经成为人民群众日常生活不可或缺的工具，深刻影响着人民群众的生活方式、思维方式和信息获取方式。新媒体拓宽了廉洁教育信息传播方式，开辟了人民群众获取廉洁知识和文化的新渠道，为新时代廉洁教育提供了崭新媒介。同时，新媒体信息环境鱼龙混杂、复杂多变，加强新媒体领域廉洁教育建设，有助于净化新媒体信息内容，正确引导人民群众的生活方式与思维方式。

新媒体是提升廉洁教育覆盖面、吸引力的重要途径。新媒体已然成为人民群众生活的一部分。通过新媒体开展廉洁教育，能够将廉洁

① 《把思想政治工作贯穿教育教学全过程　开创我国高等教育事业发展新局面》，《人民日报》2016 年 12 月 9 日。

教育融入人民群众日常生活，使人民群众在使用新媒体的同时接受廉洁教育，有效扩大廉洁教育的覆盖面。新媒体具有及时性、交互性、海量性、超时空性、超文本性等特点，通过场景模拟、光电感应、沉浸式体验等声、光、电高科技手段，还原真实场景，增强视觉、听觉的感染力和冲击力，有利于弥补传统说教式、灌输式廉洁教育的局限，增强廉洁教育的吸引力，激发人民群众自主学习动机，使廉洁教育更易入脑入心。新媒体技术也可以满足个性化和多样性的廉洁教育需求，丰富廉洁教育途径与内容，增强廉洁教育的吸引力和针对性。

廉洁教育自身的发展需要新媒体技术的支持。其一，新媒体有助于廉洁教育载体现代化。教育载体的现代化是教育现代化的重要面向。新媒体作为社会发展的时代特色和未来趋势，能够构建情境教育，激发学习热情，提升教育质量和水平，是助推廉洁教育现代化、建设廉洁文化的强大引擎。其二，新媒体有助于廉洁教育理念时代化。新媒体技术的发展与推广转变教育者和受教者的“主动”和“被动”局面，要求廉洁教育者不断学习教育传播的新思想、新观念、新话语，在新媒体环境中提升素质、拓展眼界，强化尊重、平等、互动的教育理念。其三，新媒体技术有助于提升廉洁教育效率，升级教育模式，为实现因材施教、精准教育提供重要支撑，助力廉洁教育科学化。

（二）完善新媒体领域廉洁教育体系

新媒体领域廉洁教育模式的发展，不仅仅是推动传统廉洁教育信息化，而是教育内容、模式、手段的全方位变革。新时代新征程，建立完善新媒体领域廉洁教育体系，能够有效推动廉洁教育“走新”与“走心”有机结合。

提高新媒体与新时代廉洁教育内在关系的认识。新媒体技术是时代发展的潮流，运用新媒体深化廉洁教育是时代发展的大趋势，是新时代加强廉洁文化建设的必然途径。推进新时代廉洁文化建设，要充分认识新媒体给廉洁教育带来的深刻变革，认识新媒体领域廉洁教育建设的重要性、必要性和紧迫性，以高度的政治自觉、思想自觉增强新媒体领域廉洁教育建设的主动性。

加强新媒体教育阵地建设。多元化、便捷化的新媒体平台既可以提升廉洁教育的吸引力，又可以满足人民群众对廉洁教育的多样需求。要充分利用 QQ、微博、微信、抖音、B 站等已有新媒体阵地，开发挖掘 AR、VR、Vlog、微电影、短视频等新媒体技术，搭建多渠道新媒体廉洁教育矩阵，利用各类新媒体平台的特点和规律，各展所长、各尽所能，推动新媒体领域廉洁教育阵地融通融合发展，充分发挥新媒体“集装器”“传送带”“润滑剂”功能，将多样的渠道优势转化为传播优势，使廉洁教育内容广泛传播、定点传播。

丰富互联网廉洁教育资源供给。教育家陶行知曾说：“教育要通过生活才能发出力量而成为真正的教育。”① 新媒体领域廉洁教育要紧扣党中央关注、群众关心、社会关切的廉洁热点难点焦点，深挖廉洁教育典型案例，更好立足群众生活开发教育内容，避免刻板化、空洞化的教育内容。正如习近平总书记强调的：“一切脱离人民的理论都是苍白无力的，一切不为人民造福的理论都是没有生命力的。”② 推动传统廉洁文化资源、廉洁教育资源数字化，建立健全数字版廉洁教育平台与信息库，用新媒体技术讲好廉洁故事，使新媒体领域廉洁教育内容形象化、生动化、活泼化，让新时代廉洁教育好声音打动人心。

构建联动化廉洁教育模式。新媒体领域廉洁教育并非孤立的，而是源于现实实践活动，二者密不可分，因此，既要加强新媒体领域廉

① 胡晓风等主编：《陶行知教育文集》，四川教育出版社 2008 年版，第 469 页。

② 《习近平著作选读》第 1 卷，人民出版社 2023 年版，第 16 页。

洁教育工作，也要做好传统线下廉洁教育工作，实现廉洁教育线上线下互联互通。传统线下廉洁教育是新媒体领域廉洁教育的根基，仍要重视和发展。探索构建家庭、学校、社会整体联动的立体教育网络，以良好的师德师风建设引领学校新媒体领域廉洁教育，以家庭的言传身教强化新媒体领域廉洁教育成果，以清正廉洁的社会风尚形塑新媒体领域廉洁教育氛围。

链　接

上海市首个网上廉洁文化展馆

上海市静安区深入学习贯彻党的二十大精神，以推进普纪普法、传播清风正气为主题，积极探索新媒体语境下廉洁教育之路，创作了涵盖短视频、H5 微场景、AR 微剧、Vlog 等六大类形式的廉洁文化作品，形成了“廉洁特色、时代特征、静安特点”的廉洁教育格局。

网上廉洁文化展馆共分欢迎大厅、党章专题厅、场景体验厅、影视厅、警示厅以及用户个人厅等六大展区，并根据需要将党章党规、典型案例、宣传视频、场景体验等多种内容分门别类展示，其中包括“步步警醒”“清风侠”等特色品牌，原创微视频、Flash 动画、定格动画等创意短片，以及 H5 互动、小程序活动等可视化的网络互动体验。

“静静”是静安区“步步警醒”动画品牌的二维卡通形象，静安区使用绑骨、动作捕捉和面部捕捉等影视级动作捕捉技术将其转换为三维角色，让虚拟解说员的形象更为饱满、更加生动。参观者使用个人手机或其他移动终端登录小程序，即可在线通过裸眼进行全方位参观。参观者可自主参与活动、自由选择内容、自行跳转展区，满足了想怎么看就怎么看、想啥时候看就啥时候看的个性化教育需求，成功打造出静安廉洁教育新品牌。

（资料来源：《静安区纪委监委探索新媒体语境下廉洁文化　建成全市首个网上廉洁文化展馆》，上海市静安区人民政府网站 2022 年 12 月 26 日）

（三）加强对新媒体的引导和监督

互联网是一个意识形态斗争复杂激烈的场域，互联网空间充满对廉洁的不同认知，错误的思想观念比比皆是。我们要利用互联网新媒体推进廉洁教育和廉洁文化建设，也要对互联网新媒体进行引导和监督，让互联网新媒体服务于廉洁文化建设而不是有害于廉洁文化建设。正如习近平总书记指出的："网络空间同现实社会一样，既要提倡自由，也要保持秩序。自由是秩序的目的，秩序是自由的保障。我们既要尊重网民交流思想、表达意愿的权利，也要依法构建良好网络秩序，这有利于保障广大网民合法权益。"①

主动占领新媒体思想阵地。"互联网已经成为舆论斗争的主战场。"② 如若我们不用先进的廉洁文化占领新媒体文化阵地、营造媒体氛围，腐败文化就会乘虚而入、污染社会，不断冲击人民群众的政治立场、道德观念，使新媒体领域廉洁教育建设付之东流。正如习近平总书记指出的："宣传思想阵地，我们不去占领，人家就会去占领。"③ 一方面，要进一步完善新媒体领域廉洁教育阵地，以廉洁教育弘扬清

---

① 习近平：《在第二届世界互联网大会开幕式上的讲话》，《人民日报》2015 年 12 月 17 日。

② 《坚定文化自信，建设社会主义文化强国》，《人民日报》2017 年 10 月 16 日。

③ 《坚定文化自信，建设社会主义文化强国》，《人民日报》2017 年 10 月 16 日。

正廉洁的声音，抵御敌对势力的攻击，巩固强化新媒体思想阵地，使新媒体成为新时代廉洁文化建设的重要渠道；另一方面，必须坚持守土有责、守土负责、守土尽责，敢于斗争，主动占领新媒体思想阵地，发挥主流媒体尤其是主流网站引导舆论的作用，遏制和消减腐败文化对互联网空间廉洁教育的负面影响。

链　接

宁夏银川：新媒体领域廉洁教育“加速度”

2022年，宁夏银川紧紧围绕“常规工作抓重点、重点工作找亮点、亮点工作显特色”的工作思路，依托新媒体建设“四个平台”，打造指尖上的廉洁网络环境。

银川在“廉洁银川”微信公众号原有模块的基础上进行全面改版升级，内容涵盖政策法规解读、权威发布、成果展示、互动交流、监督举报、廉政教育等。坚持每个工作日发布，累计发布廉政教育、监督工作动态等廉政图文信息1100余篇，阅读、转发量达10.4万余人次。以“廉洁银川”微信公众号为龙头，各县（市）区纪委监委微信公众号为骨干，搭建纪检监察系统微信公众号矩阵，确保重要宣传内容通过新媒体第一时间传至“神经末梢”。

银川利用手机短信平台便利、快捷的优势，抓住元旦、春节、五一、国庆等重要时间节点，精心编制具有警示性、教育性的廉政短信，把廉洁过节的提醒和温馨的节日祝福融为一体，提醒党员领导干部在落实党风廉政建设主体责任的同时，自觉遵守廉洁自律有关规定，严防“节日病”在密集的人情往来中发生。

银川市纪委监委建立健全网上监管、网上阅评、网上评论“三位一体”的工作机制，组织网评员围绕全市反腐倡廉重大决策部署和网络热点问题，撰写评论文章，积极传递正面声音，坚决打击网络谣言，净化网络空间。

（资料来源：《银川：用好用活新媒体　跑出廉政教育“加速度”》，“廉洁银川”微信公众号2022年12月22日）

科学有效规制新媒体。互联网空间信息良莠不齐，与廉洁文化建设不一致甚至相悖的文字、音视频在我国互联网空间大量存在。要根据廉洁文化建设的要求，强化对新媒体平台有害信息、网络谣言的整治，特别是要整治隐性散播“潜规则”“腐败亚文化”观点的音视频，组织力量对错误思想观点进行批驳，保障新媒体空间良好的秩序和氛围。推动新媒体机构强化监督管理职责，完善公众监督体系，及时处理有害信息，通过技术手段监控追踪有害信息发布源头，从根源上优化新媒体舆论氛围。

结束语

新时代廉洁文化建设意义重大，但任务却异常艰巨，因为改变人的利益结构、利益诉求难，改变人的思维方式、生活方式更难。无论是对中国共产党还是对中国社会而言，新时代廉洁文化建设都是深层次的自我革命，要在道德、文化、心理、思维方式、生活方式等各方面进行深刻反思，德润人心、以文化人，让廉洁成为潜意识，“日用而不觉”。唯其难能，所以可贵。

廉洁文化建设只是反腐败斗争的一种途径，但却是目标最长远、难度最大的一种。新时代廉洁文化建设，需要警惕的，是变成街头花花绿绿的宣传画，变成博人一笑的“小创意”，变成苍白的道德说教，多了心口不一的“两面派”“两面人”。

2023 年 7 月，有网友爆出陕西省吴堡县县委党校组织培训期间，为学员安排了一次“廉政餐”，菜单有清清白白、黑白分明、拒腐防变、一清二白、忆苦思甜等，其实就是素炒青菜、山药木耳、凉拌皮蛋等。

菜谱照片被放上网后，有网友质疑是形式主义，引发网络舆情。中共吴堡县委立即组织调查，很快就向社会作出通报：

2023 年 7 月 10 日至 7 月 14 日，我县县委党校举办村（社区）党支部书记培训班期间，结合廉政培训课程为学员安排了一次“清廉”主题午餐，通过对菜品重新起名意图赋予“清廉”含义，引发媒体和网友的热议与批评，造成不良影响。

事件发生后，吴堡县委高度重视，立即成立工作组进行调查。目前，县委已责成党校进行全面整改，对党校常务副校长作出停职处理，由县纪委对相关责任人进行调查处理。同时，举一反三、引以为戒，在全县范围内开展形式主义问题排查整治，切实改进作风，提升工作实效。①

基层单位廉洁教育中的小小“创意”，竟带来了无妄之灾。令人深思：廉洁文化应当是什么样的？新时代廉洁文化建设要怎么搞？

我们都没有现成的答案。我们知道的是，为其难能，方显可贵；新时代廉洁文化建设，必须坚持长期主义，守正创新，锲而不舍，久久为功。

① 《陕西吴堡县通报“清廉餐”问题：党校常务副校长被停职》，光明网2023年7月21日。

主要参考文献

1.《马克思恩格斯选集》第1—4卷，人民出版社2012年版。

2.《列宁选集》第1—4卷，人民出版社2012年版。

3.《列宁专题文集：论无产阶级政党》，人民出版社2009年版。

4.《毛泽东选集》第1—4卷，人民出版社1991年版。

5.《邓小平文选》第1—3卷，人民出版社1994年、1993年版。

6.《江泽民文选》第1—3卷，人民出版社2006年版。

7.《胡锦涛文选》第1—3卷，人民出版社2016年版。

8.《习近平著作选读》第1—2卷，人民出版社2023年版。

9.《习近平谈治国理政》第1—4卷，外文出版社2017年、2018年、2020年、2022年版。

10. 习近平：《之江新语》，浙江人民出版社2007年版。

11. 习近平：《健全全面从严治党体系，推动新时代党的建设新的伟大工程向纵深发展》，《求是》2023年第12期。

12.《习近平关于全面从严治党论述摘编》，中央文献出版社2021年版。

13.《习近平关于严明党的纪律和规矩论述摘编》，中央文献出版社2016年版。

14.《习近平关于党风廉政建设和反腐败斗争论述摘编》，中央文献出版社2015年版。

15.《习近平关于注重家庭家教家风建设论述摘编》，中央文献出版社 2021 年版。

16.《习近平关于全面依法治国论述摘编》，中央文献出版社 2015 年版。

17.《习近平关于社会主义文化建设论述摘编》，中央文献出版社 2017 年版。

18.《十八大以来重要文献选编》（上中下），中央文献出版社 2014 年、2016 年、2018 年版。

19.《十九大以来重要文献选编》（上中下），中央文献出版社 2019 年、2021 年、2023 年版。

20. 司马云杰：《文化社会学》，中国社会科学出版社 2007 年版。

21. 夏美武：《当代中国政治生态建设研究：基于结构功能分析视角》，中国社会科学出版社 2014 年版。

22. 梁漱溟：《东西文化及其哲学》，商务印书馆 2005 年版。

23. 伍新林等：《廉洁从政：中华传统清廉文化与当代共产党人的廉洁操守》，人民出版社 2018 年版。

24. 麻承照：《廉政文化概论》，中国方正出版社 2014 年版。

25. 赵薇、王汉苗：《正心——传统文化与人格养成》，中华书局、齐鲁书社 2018 年版。

26. 郭钦：《中华廉洁文化史》，社会科学文献出版社 2019 年版。

27. 单卫华、赖红卫、张相军：《中国廉政文化史》，山东画报出版社 2010 年版。

28. 高超、张亚东、巩永丹：《社会主义先进文化与当代中国》，人民日报出版社 2019 年版。

29. 张国臣等：《社会主义廉洁文化建设论》，人民出版社 2011 年版。

30. 钱穆：《文化学大义》，九州出版社 2012 年版。

31. 渠长根主编：《红色文化概论》，红旗出版社 2017 年版。

32. 马静：《红色文化教育理论与实践研究》，南开大学出版社 2015 年版。

33. 房世刚：《全面从严治党基本问题研究》，山东大学出版社 2018 年版。

34. 张宏杰：《顽疾：中国历史上的腐败与反腐败》，人民出版社 2016 年版。

35. 高波：《廉洁拐点：世界难题与中国答案》，中信出版社 2017 年版。

36. 刘纪舟：《落马贪官的腐败心理：腐败心理学研究》，中共中央党校出版社 2013 年版。

37. 陈明明主编：《反腐败：中国的实践》，复旦大学出版社 2017 年版。

38. 李雪勤：《清廉中国——反腐败国家战略》，浙江人民出版社 2021 年版。

39. 祁一平：《国家治理现代化与腐败治理》，中国发展出版社 2016 年版。

40. 陈海莹：《“韩国病”的政治解读——韩国现代化进程中的反腐败研究》，中国社会科学出版社 2015 年版。

41. 武光军、顾国平：《新加坡反腐的历史进程及廉政建设机制研究》，中国法制出版社 2016 年版。

42. 段龙飞、任建明编著：《香港反腐败制度体系研究》，中国方正出版社 2010 年版。

43. 冷葆青：《战后日本的腐败与治理——以震撼政坛的四大腐败案为例》，中国方正出版社 2013 年版。

44. 陈金龙、周建伟、董海军等：《新时代全面从严治党的理论创新》，中山大学出版社 2021 年版。

45. 于东：《历史发展中的周期率问题研究》，江西人民出版社 2010 年版。

46. 季正矩：《跨越腐败的陷阱：国外反腐败的经验与教训》，中国经济出版社 1999 年版。

47. 刘京希：《政治生态论——政治发展的生态学考察》，山东大学出版社 2007 年版。

48. 杨光斌：《制度的形式与国家的兴衰——比较政治发展的理论与经验研究》，北京大学出版社 2005 年版。

49. 饶明奇、王国永：《水与制度文化》，中国水利水电出版社 2015 年版。

50. 郭剑鸣等：《“清廉浙江”公众感知评估报告》，光明日报出版社 2019 年版。

51. 李辉：《国外腐败问题研究：历史、现状和方法》，中国方正出版社 2019 年版。

52. ［美］伊曼纽尔·克雷克、威廉·切斯特尔·乔丹主编，邱涛等译：《腐败史》（上中下），中国方正出版社 2016 年版。

53. ［美］迪特尔·哈勒、［新西兰］克里斯·肖尔主编，诸葛雯译：《腐败：人性与文化》，江西人民出版社 2015 年版。

54. ［美］塞缪尔·亨廷顿、劳伦斯·哈里森主编，程克雄译：《文化的重要作用：价值观如何影响人类进步》，新华出版社 2010 年版。

55. ［瑞典］斯塔凡·安德松、［美］弗兰克·艾尼提埃尼克著，阳平译：《腐败与腐败控制》，中国方正出版社 2023 年版。

56. ［荷］罗纳德·克罗泽、［葡］安德烈·维托里亚等编，马万利译：《历史上的反腐败：从古代到现代》，中国方正出版社 2021 年版。

57. ［新西兰］杰瑞米·波普著，清华大学公共管理学院廉政研究室译：《制约腐败——建构国家廉政体系》，中国方正出版社 2003 年版。

58. 王琛：《建设廉洁政府的国际经验及其借鉴》，《中共中央党校学报》2014 年第 1 期。

59. 公婷、王世茹：《腐败“零容忍”的政治文化——以香港为例》，《复旦公共行政评论》2012 年第 2 期。

60. 徐大同、高建：《试论中国传统政治文化的基础与特征》，《天津社会科学》1987 年第 5 期。

61. 周建伟、陈金龙：《党员干部四重属性与理想信念建设》，《理论学刊》2015 年第 6 期。

62. 周建伟：《整体主义与个体主义：政党文化研究的两种路径》，《理论探索》2008 年第 1 期。

63. 柴宝勇、黎田：《政治文化、政党文化与党内政治文化关系辨析》，《马克思主义研究》2020 年第 5 期。

64. 董石桃、彭雪灵：《利益吸纳人情：城市基层腐败的社会交换逻辑》，《政治学研究》2022 年第 2 期。

65. 郝宇青：《“政治生态”的内涵解读》，《探索与争鸣》2015 年第 11 期。

66. 唐皇凤、董大仟：《中国共产党百年政党伦理建设的历史经验探赜——基于价值、制度和主体的三维解读》，《江苏社会科学》2021 年第 5 期。

67. 李康平：《中国革命文化基本理论问题研究》，《马克思主义研究》2015 年第 7 期。

68. 何旗：《一把手腐败与政治生态污染及其修复——基于党的十八大后36名省级党委书记腐败案例的剖析》，《理论探索》2020年第1期。

69. 钟思雨、赵瑞琦：《日本廉政现象：文化、心理、政治逻辑的三位一体》，《廉政文化研究》2018年第2期。

70. 侯小丰：《我国反腐败的文化困境》，《浙江学刊》2011年第6期。

71. 中共中央办公厅法规局：《中国共产党党内法规体系》，《人民日报》2021年8月4日。

72. 《关于加强新时代廉洁文化建设的意见》，2022年2月。

73. 《关于进一步加强家庭家教家风建设的实施意见》，2021年7月。

后 记

廉洁文化不是一个新鲜的议题，但却是一个历久弥新的议题。党的十八大前，我们党曾经提出廉政文化建设概念，学术界出版了不少的著作和论文予以分析和研究。2022 年 2 月，中共中央办公厅印发了《关于加强新时代廉洁文化建设的意见》，“廉洁文化建设”正式取代“廉政文化建设”，成为党的建设重要范畴。概念会有变化，但对廉洁价值的追求始终不变。概念的发展演变，也表示着我们党对廉洁的认识在不断深化，最直接的一点是，廉洁文化内涵更广，目标更高，建设难度更大。

本书是对廉洁文化和新时代廉洁文化建设概要性分析的著作。廉洁文化和廉洁文化建设需要学理分析，具有学术研究的价值。廉洁文化和新时代廉洁文化建设具有很强的实践性和现实指向性，对新时代廉洁文化建设的研究要建立在全面从严治党伟大实践上，服务新时代管党治党伟大实践。本书努力做到学理分析和实践阐述的结合，不过，要做到兼顾着实不易，可能更多地照顾了实践，在理论分析上力有不逮，有所牺牲。

本书的定位是一本概论性的著作，主要依据《关于加强新时代廉洁文化建设的意见》确定框架内容，在呈现方式上尽量做到学术性与可读性结合，采用理论分析和案例相结合的方式。各章根据内容穿插链接，讲讲故事，调调节奏，也适当拓展视野，避免成为“高头讲章”。书中少部分案例（链接）为作者编写，大部分摘自报刊和学术著作，在此，对作者和相关刊物表示诚挚谢意！

本书由我和我指导的博士研究生陆寿年合作完成。写作框架由我拟定，第1~5章由我撰写，第6~7章由陆寿年撰写，由我统稿和定稿。

广东人民出版社曾玉寒编辑为本书的写作和出版始终操劳，她的字斟句酌，为本书增色不少，在此谨表谢忱！

本书参考和吸收了学界的相关研究成果，在此表示衷心感谢！书中粗疏之处在所难免，祈请学界同人和读者朋友不吝赐教！

周建伟

2023年8月